KB119751

나를 피곤하게
만드는 것들과
거리를 두는
대화법

나를 피곤하게 만드는 것들과 거리를 두는 대화법

김범준 지음

감정은 쓰지 않고 센스 있게 받아치기

위즈덤하우스

좋은 사람만
더 만나고 싶어서

"왜 떠났어?"

한국을 떠난, 그래서 지금은 캐나다에서 살고 있는 누군가에게 물어봤다. 그는 대답했다.

"서로의 삶에 참견하는 게 없어서 마음이 편해."

한국에선 처음 만나면 "나이가 어떻게 되세요?"를 묻는다. 두 번째 만나면 "무슨 일을 하세요?"를 묻는다. 세 번째 만나면 "어느 지역 출신이에요?"를 묻는다. 네 번째 만나면 "무슨 대학교를 나왔어요?"를 묻는다. 다섯 번째 만나면 "결혼은 했죠? 네? '아직'이라고요? 왜요?"를 묻는다. 여섯 번째 만나면… 밑도 끝도 없는 '퀘스천question'에 질릴 만큼 질릴 때쯤 본격적인 '익스플레인explain'이 시작된다.

"하시는 일에 만족하세요? 요즘 그쪽 어렵다고 하던데⋯ 제가 하는 분야가 전망이 좋으니 관심을 가져보세요", "정규직이 아니세요? 이직 준비를 하셔야겠네요?", "지방대 나오셨구나. 괜찮아요. 대학원이라도 서울에 있는 곳을 다녀보세요", "비혼이요? 에이, 그럼 안 되죠. 그래도 결혼은 해봐야죠", "애를 낳지 않기로 했다고요? 그럼 도대체 결혼은 왜 했어요?"

'무작정의 퀘스천', '무작정의 익스플레인'을 퍼붓는 사람들은 특징이 있다. 타인과의 비교에 온 신경을 곤두세운다. 자신이 남들보다 얼마나 좋은 아파트에 살고 있는지, 자신이 남들보다 잘나가고 있는지, 이런 잡념들로 하루를 보낸다. 혼자만의 생각으로 비교를 끝내면 좋겠는데 괜히 엄한 누군가를 소환해 비교하기를 즐겨서 문제가 생긴다. 그들은 건강한 관계를 유지하기 위한 적정한 거리를 모른다. 이렇게 거리를 모르는 사람들, 나는 '그런 사람들'이 불편하고 지루하다. 자신의 취향에 따라 '쓸데없는 비교'를 일상다반사로 하면서 타인과의 거리를 무시하는 '그런 인간들'이 나는 그냥 싫다.

'그냥 싫다'는 말은 무책임한 게 아닌 거냐고, 단순히 싫다는 것보다 좀 더 구체적인 이유가 있어야 하는 것 아니냐고 누가 나에게 묻는다면, 솔직히 그렇게 질문하는 사람의 마인드도 싫다. 싫은 것에 꼭 이유가 있어야 하는 것일까. 싫어하는 것은 나의 몸과 마음을 지키기 위한 최소한의 방어 수단이다. 나는 오직 나를 위해 살며 사랑하고 싶다. 이를 위해 나의 영역을 존중받고 싶다. 나와의 거리를 함부로 훼손하는 그 어떤 누구에게도 나는, 아니 우리 모두는 싫다고 말해도 된다.

내가 무작정 모든 사람을 싫어하는 건 아니다. 적절한 거리를 둘 줄 모르는 사람이 싫을 뿐이다. 나는 사람이 좋다. 내가 오늘 하루를 잘 살아내고 싶은 이유도 더 좋은 사람과 만나고 싶어서다. 다만 '서로의 거리를 적절하게 유지할 줄 아는 사람'과 함께하는 시간을 늘리고 싶을 뿐이다.

고슴도치는 날씨가 서늘해지면 추위를 이겨내기 위해, 체온을 높이기 위해 서로 모인다고 한다. 이때 너무 가까우면 상대방의 가시에 찔릴 것이고 멀리 떨어져 있으면 체온 유지에 실패해 죽을 것이다. 고슴도치들은 본능적으로 서로의 가시에 상처받지 않으면서도 체온을 유지하여 추위를 이기는 '적정한 거리'를 찾아낼 줄 안다. 핵심은 '찔리지 않도록 너무 가깝지 않게, 그러면서도 서로의 체온으로 추위를 이길 수 있을 정도의 거리'다.

지혜롭다는 건 인간만의 특권이라고 한다. 지혜롭다는 의미에는 '고슴도치에게서도 배울 건 배우는 겸손의 마음가짐'을 포함한 다고 나는 생각한다. 고슴도치가 살아가는 모습에서 '관계의 성 장을 위한 방법' 하나를 찾아낼 줄 안다면 그건 우리가 지혜롭다 는 증거다. 나는 고슴도치의 거리 두기로부터 인간관계의 거리 두 기를 배운다. 고슴도치들이 서로의 적정한 거리를 두는 것에서 생 존의 조건을 만들어내는 것처럼 사람들 역시 자신과 다른 사람의 거리를 얼마만큼 두느냐가 삶의 지속성과 완결성을 결정짓는다. 거리를 좁히고, 거리를 두며, 거리를 넓히는 과정은 우리가 건강 하게 살도록 하는 귀중한 작업이다. 또한 상대방을 존중함으로써 사회를 좀 더 나은 방향으로 만들어가는 일이다.

자녀를 잃은 한 아버지가 있었다.

비극적이고 또 참혹한 사건이었다. 수많은 사람들이 관심을 가 졌다. 여러 언론에서 취재에 나섰다. 그 아버지는 취재에 응하지 않았다. 분노와 허탈함으로 누군가와 말할 힘이 없었을 테다. 왜 이런 일이 일어났는지, 누가 책임을 져야 하고, 누가 처벌을 받아 야 하는지, 여전히 진실 아니 사실조차 밝혀지지 않았으니 그 분 노는 멈출 리가 없었을 것이다. 몇 주가 지났다. 여전히 사고의 원 인과 과정, 그리고 결과에 대해 밝혀진 것은 없었다. 취재 열기는 여전했다. 그때였다. 그 아버지가 한 방송사의 인터뷰에 응하기로 했다. 누군가가 물어봤다. "다른 곳의 취재 요청은 거부하셨는데 왜 그곳의 출연 요청에는 승낙하셨습니까?" 그는 대답했다.

"사람들은 저를 만나자마자 바로 '힘내라', '용기를 내라'고 말했습니다. 그러고는 바로 궁금한 것을 물어봤습니다. 제가 출연을 결정한 방송사의 프로듀서는 그렇지 않았습니다. 아무 말도 하지 않았습니다. 카메라도 들이대지 않았고, 펜과 메모지도 섣불리 꺼내지를 않았습니다. 그는 제가 임시로 거처하던 바로 그곳에서, 제가 부담 느끼지 않을 만한 거리에 그저 앉아만 있었습니다. 그 모습을 보고 취재에 응하기로 했습니다."

'힘들 때 가장 위로가 되는 건 함께 울어주는 사람이 있다는 것'이라고들 한다. 하지만 '함께 울어주기'보다 더 아름다운 건 '적당한 거리를 두고 그저 옆에 조용히 앉아 있는 것'이다. 이때의 '거리 두기'는 아무런 관계를 맺지 않겠다는 소극적 태도가 아닌 진정한 공감의 표현이다. 아들을 잃은 허탈감과 분노로 가득한 아버지의 곁에 그저 묵묵히 앉아서 바라봐 주는 그런 것 말이다. 적절한 거리를 둔다는 것은 아름다운 인간관계를 유지하려는 적극적이고 능동적인 행동이다. 또 일상을 단단히 뿌리내리는 삶의 기술이다.

'좋은 삶을 살고 싶다면 좋은 것을 많이 하고 나쁜 것을 적게 하면 된다'는 말을 들었다. 동의한다. 거기에 더해 '좋은 사람과 좋은 관계를 맺고 싶다면 좋은 사람은 더 많이 만나고 좋지 않은 사람과는 덜 만난다'라는 생각을 보태고 싶다. 이를 위해 '관계의 거리'에 대해 이야기해보고자 한다. 일상과 동떨어진 이론을 찾아내기보다는 우리가 살아가는 '지금, 여기'에서 벌어지는 수많은 사례로부터 세상을 아름답게 만드는 거리 두기의 기술을 찾아내려고 한다. '거리 두기'를 통해 나와 당신이 타인과의 갈등을 해결하고, 그 결과 세상이 조금 더 따뜻해진다면 이 책을 쓴 작가로서 큰 보람을 느낄 것 같다.

사랑했던, 사랑하는, 사랑하고픈 사람들과의 거리를 생각하며

김범준

차례

3장
거리 두기 대화 전
알아두면 좋을 것들

4장
나를 불편하게 하는 것들과
멀어지기

7장 말 한마디로 거리를 좁힌다

1장

나는 늘
거리를 잰다

나 자신과 상대방을 지키는 거리 두기

〈중경삼림〉이라는 영화가 있다. 다음은 영화 대사의 일부분이다.

우리는 매일 어깨를 스치며 살아가지만, 서로를 알지도 못하고 지나친다.

하지만 어느 날엔가 친구가 될 수도 있을 것이다.

내 이름은 '하지무', 경찰이며 넘버 233이다.

우리가 가장 가까이 스치던 순간에는 서로의 거리가 0.01cm밖에 안 되었다.

57시간 후 나는 이 여자를 사랑하게 된다.

금성무, 임청하, 양조위. 지금은 아득하지만 한때 세상을 사로잡았던 배우들이 출연한 영화다. 위의 대사는 영화의 첫 장면에 나오는 금성무의 독백이다. '스치는 그 순간, 서로의 거리가 0.01cm밖에 안 되는 그 거리로부터 사랑은 시작되었다'니 왠지 가슴이 설렌다. 나와 누군가의 거리를 생각해본다. 나와 아내와의 거리는? 나와 아이들과의 거리는? 나와 친구와의 거리는? 나와 교수님과의 거리는? 나와 후배와의 거리는? 나와 세상과의 거리는? 우리는 사랑을 원하고, 성공을 기원하며, 행복을 기대한다. 행복은 '그들'과의 관계로부터 시작되며, 관계는 거리가 결정한다. 가슴이 설레는 관계가 될지, 얼굴만 봐도 토가 쏠리는 관계가 될지는 모두 거리의 건강함에서 결정된다. 부끄럽게도 나는 관계의 거리를 잘 모르는 사람이었고 지금도 여전히 그러함을 고백한다.

얼마 전의 일이다. 책을 읽고 함께 이야기하는 모임에 참석했다. 두 여성이 그날 토론할 책을 쓴 작가를 두고 얘기를 나누고 있었다. 그 작가는 암벽등반을 즐겨하는 여성이었다. '여자가 암벽등반이라니…'라는 지극히 시대착오적인 생각으로 듣고 있는 나를 발견했다. 그 편견과 착각을 이겨내지 못하고 듣던 와중에 마침 두 여성 중 한 분이 작가의 얼굴을 인스타그램에서 찾아냈다. 궁금해하는 나에게 사진을 보여줬다. 거기까진 좋았다. 내 입에서 "어, 멀쩡하게 생겼네요?"라는 허튼 말이 나오기 전까진.

즉시 그 자리의 분위기는 냉랭해졌다. 평소에 적당한 거리를 유지하며 서로의 의견을 지지해주던 관계였지만 나의 말 한마디가 관계를 엉망으로 만들었다. 사진을 보여주던 분 옆의 분이 정색을 했다. 그리고 질책하셨다. "멀쩡하게 생겼다는 게 무슨 말이에요?" 나는 부끄러움에 아무 말도 할 수가 없었다. 나의 생각을 갑자기 고칠 순 없을 것이다. 하지만 내 앞에 있는 누군가에게 말을 할 때는 마땅히 표현법을 고민해야 한다.

그동안의 나의 말투를 되돌아봤다. 여성에 대한 삐뚤어진 편견을 말로 표현했던 과거의 기억들이 떠올랐다. "여대를 왜 갔어? 재미없었겠다", "여자가 학벌이 너무 좋으면 팔자가 드세다고 하던데…", "여자가 무슨 게임이야?" 이 글을 쓰면서도 얼굴이 붉어짐을 느낀다. 어디 여성에 대한 생각뿐이랴. 아이들에게는 "초등학생이 그런 걸 알다니 대단하다", 고등학교를 졸업하고 사업을 잘 이끌어 나가는 동호회 후배에게는 "대학도 안 나왔는데 이렇게 경영을 잘하다니 멋지다", 소설을 써서 문학상을 받게 된 전업주부 친구에게는 "애 엄마가 글 쓸 시간이 어디 있다고… 어쨌거나 훌륭하다" 등을 칭찬인 줄 알고 쏟아내던 나의 '흑역사'는 또 무엇이었던가.

아무렇게나 자신의 생각을 있는 그대로 말해버리는 말투는 상대방과의 거리를 착각한, 몰상식한 행위다. 어쩌면 대화의 상대방을 우습게 보는 행위일 수도 있다. '생각은 너무 적게 하고 말은 너무 많이 하는 사람'이 있다면 그건 바로 나를 두고 하는 말이었다. 부끄럽다. 한 작가를 두고, 그것도 외모에 대해 '멀쩡하게'라고 표현한 나의 행위는 앞에서 나의 말을 들어야만 했던 상대방에게 '언어폭력'을 저지른 것과 같다. 늦었지만 나의 천박한 얘기를 듣게 된 두 분, 그리고 직접 만나 뵙지는 못했지만 그 작가님께 이 지면을 빌어 사과를 올린다.

거리를 조절한다는 건, 거리를 둔다는 건, '내 영역에 대한 최소한의 보호'에 관한 것만이 아니다. '상대방의 영역에 대한 존중'의 노력이 포함되어야 한다. 누군가에 대한 '통찰insight'을 얻겠다고 그 누군가의 '내부inside'로 함부로 접근하는 건 무례함이며, 건방짐이다. 상대방이 갖고 있는 경계, 그리고 상대방이 유지하려는 거리에 대한 관찰 없이 누군가에게 접근하는 것은 일방적인 폭력일 뿐이다. 아름다운 관계는 물론 불가능하다. 누군가와의 거리를 '사랑의 거리'로 발전시키고 싶다면 우선 상대방에 대한 무례함의 언어가 나의 표현 속에서 똬리를 틀고 질척대고 있는 것은 아닌지 경계하는 것이 맞다. 안타깝게도 과거의 나는 그러지 못했다.

사랑의 시작을 거리로부터 찾아낸 영화 〈중경삼림〉의 마지막 장면을 소개하고자 한다. 영화의 처음처럼 주인공인 금성무의 독백으로 끝난다.

한 여자가 생일을 축하한다고 말해주었다.
그 말 때문에 난 이 여자를 잊지 못할 것이다.
기억이 통조림에 들어 있다면 기한이 영영 지나지 않기를 바란다.
꼭 기한을 적어야 한다면 1만 년 후로 적어야지.
사랑에도 유효기간이 있다면 나의 사랑은
1만 년으로 하고 싶다.

영화 속 주인공인 하지무는 사랑을 '0.01cm밖에 안 되는 거리'에서 찾아냈다. 제대로 된 사랑을 했으며, 그 멋진 사랑의 결말은 '유효기간 1만 년짜리 사랑'이었다. 아름답다. 자신과 상대방의 거리에 대한 높은 민감도가 이런 사랑을 만들어냈다. 여전히 '거리 감수성 지수'가 과락 수준인 나, 처절하게 반성한다. '삶을 잘 살 수 있는 방법론으로서의 거리'를 찾아내려는 노력을 하겠다고 다짐해본다. 늦었지만 지금부터라도 '사랑이 시작된 0.01cm의 거리'를 발견하려는 노력을 아끼지 않겠다고 다짐해본다. 적절한 거리 두기를 통해 누군가와의 관계가 사랑의 스타트라인에 선 건지, 아니면 헤어짐의 종착역에 다다른 건지 정도는 알아차리는 사람이 되고 싶다. 그래서 결국엔 나의 삶이 '거리 때문에' 엉망이 되는 것이 아닌, '거리 덕분에' 나아지기를 희망하며, 거리로 인해 좀 더 아름다워지는 모습을 나와 내 주변에서 자주 볼 수 있도록 만들려고 한다.

멀어지면,
비로소
보이는 것들

한 여성이 있다. 남자와 헤어졌다.

"몇 달 전의 일이에요. 아직 사귀고 있을 때의 얘기죠. 둘이 만나는 자리에 그 오빠가 오래된 사이라며 친구 두 명을 불렀더라고요. 좋았어요. 내가 좋아하는 사람의 친구들을 만난다는 건. 그런데…"

같이 있는 자리에서 남자 친구에게 전화가 왔단다. 휴대폰 화면을 얼핏 본 그가 황급히 일어나 밖으로 나갔다. 그러고는 한참 후에 돌아왔다.

"누구예요?"

"응, 아무것도 아니야."

'누구'를 물어봤는데 '아무것도 아님'을 답하는 남자 친구의 말에 '왠지 모를 거리감'이 느껴졌다고 했다. 문제는 여기서 끝난 게 아니었다. 친구 중 한 명은 영화감독 지망생이었다. 그런데 자신이 조연출 등을 하면서 만난 여배우와의 관계를 거침없이 얘기하더란다. 그것도 저질스럽게. 직장인이라는 다른 한 명도 마찬가지였단다. 클럽에서 여자를 만난 얘기, 그리고 그 이상의 진도를 어떻게 나갔는지에 대해 자랑처럼 이야기하는데 그 수준이 기가 막힐 정도였다고 했다.

더 화가 나는 건 그들의 말에 웃으며 맞장구를 치는 남자 친구의 모습이었단다. 그녀는 남자 친구와의 까마득한 거리감에 절망스러워졌다. '내가 아는 그 사람 맞아?'라는 의문이 들었고 결국 헤어지게 되었다. 그녀의 마음이 이해된다. 그 남자들, 거리 감각이 전혀 없는 사람들이다. 만약 예전 여자 친구로부터 전화가 왔다면 지금 여자 친구에게 "예전 여자 친구에게서 전화가 왔네. 잠깐 밖에 나가서 전화하고 올게"라고 얘기했어야 했다. 뭐가 그리 자랑할 만한 일이라고 자신의 여성 편력을 자랑하던 친구들의 말에 대해선 'Shut Up' 하고 있어야 하는 게 맞고.

많은 사람들이 잘못된 거리로 인한 피로감을 호소한다. 거리 두기에 어색해하다가 나이 마흔이 넘어서야 비로소 어떻게 관계를 설정해야 할지를 아는 경우도 많다. 이제 갓 마흔이 된 한 후배의 말도 역시 마찬가지였다.

"마흔이 되니 누군가와의 관계에 대해 특히 많은 생각을 하게 되는 것 같아요. 결론은 '억지로 이어가는 인연'을 유지하기보다 '합리적인 절교'가 제 인생에 도움을 준다는 거였습니다. 어떻게 보면 짧은 인생인데 저와 '케미'가 맞고 좋은 사람을 만나는 데도 부족한 시간을 이것도 저것도 아닌 인연을 맺고 노력하는 데 낭비할 수는 없다는 깨달음을 얻었습니다."

계속해서 그가 한마디를 했다.

"이제 인간관계는 머리를 쓰기보다 가슴이 움직이는 데로 할 겁니다."

거리를 둔다는 건 오직 이성의 작용만이 아니다. 오히려 우리의 무의식 속에 잠재해 있는 감정의 작용이라고 해야 마땅하다. 자신의 감정을 인정하는 순간 우리는 자유로워진다. 그동안 묶여 지냈던 우리의 감정은 관계의 거리 두기로 해방될 수 있다.

아무리 편한 사이라고 하더라도, 나름대로 가까운 거리였다고 하더라도 잘못된 말 한마디, 행동 하나는 관계를 엉망으로 만든다. 기본적인 거리 감각이 없는 사람들의 말과 행동에 시달리는 건 세상 모든 사람들이 싫어하는 일이다. 배려심 없는 사람을 만나면서 자신의 시간을 낭비하고 싶지 않기 때문이다. 나 역시 마찬가지다. 나의 일상에 거리 감각 없는 사람들을 초대하면서까지 피로감을 보태고 싶지 않다.

거리감은 느낄 수 있어야 한다. 하지만 거리감 때문에 괴롭다고 생각하지 말아야 한다. 오히려 그 반대다. 거리감은 잘 느낄 수 있어야 정상이다. 멀어지면 비로소 보이는 것들이 있기 마련이다. 그동안 누군가와의 관계에서 거리감을 느끼지 못해왔다면 오히려 조심하는 게 좋다. 지금이라도 거리감을 확인하고 거리감을 느끼지 못해 상처를 준 상대방에게 가능하면 말로, 최소한 마음속으로라도 사과하는 게 옳다.

'거리감'이란 단어는 '거리+감각'으로 이루어져 있다. 영어로는 'a sense of distance'다. 즉, '거리에 대한 센스'다. 긍정적인 의미다. 그런데 우리는 그동안 거리감이라는 단어를 잘못 이해하고 있었다. 거리감을 '누군가로부터의 소외'라는 부정적 의미로만 받아들이고 있었다. '관계 중독' 혹은 '관계 상처'를 느끼는 사람들이 자조적으로 사용하는 말이라고 생각했다. 아니다. 거리감은 나, 그리고 당신, 아니 세상 사람 모두가 갖추고 있어야 할 '관계 지능' 역량이다.

거리감이란 단어가 본래의 자기 자리를 찾았으면 좋겠다. '어떤 대상과 적당한 거리를 두고 떨어져 있는 느낌'이라는 뜻으로 거리감이 정리되기를 희망한다. 누군가가 나에게 "너와 거리감이 느껴져. 뭔가 서운하고 답답해"라고 말했을 때 "기쁘다. 이제 우리의 관계는 더 좋아질 수 있겠어!"라고 즐겁게 대답하는 우리가 되었으면 한다. 누군가와의 거리를 느낄 줄 알면, 거리를 측정할 줄 알면, 거리를 잘 둘 줄 알면, 그때야 우리는 비로소 상대방의 진짜 모습을 볼 수 있게 된다.

거리를
둔다는 건
본질에
집중한다는 것

'디테일'이란 '옷을 만드는 봉제 과정에서 장식을 할 목적으로 이용된 세부 장식의 총칭'이다. 일반적으로는 '부분' 혹은 '세부'라는 뜻으로 활용된다. 다른 의미는 없을까. 영어에 취미는 없지만 그래도 용기를 내어 '어원 분석'에 도전해본다.

de+tail (de=자르다, tail=꼬리)

'디테일에 충실하자'는 말이 있다. 나는 이를 '일상에서 중요하지 않은, 불필요한 일들을 자르자'로 해석한다. 삶의 디테일에 충실하자는 건 나의 존재를 최우선 가치로 봤을 때 중요하지 않은 것에는 집착하지 않겠다는 태도다. 꼬리처럼 잡다한 것들에 집착하다가 결국 꼬리가 내 몸과 마음을 흔드는 불상사가 생기지 않도록 노력하는 자세다. 나의 행복을 위해 본질에 집중하는 것, 그게 디테일이 필요한 이유다. '거리를 둔다'는 건 디테일에 충실하자는 말과 의미가 연결된다. 내 인생의 본질에 집중하려면 세상의 불필요한 것들과는 적절한 거리를 두는 용기가 필요하다.

거리 두기 딱 하나만으로 우리의 운명이 모두 바뀐다고 섣불리 말하진 않겠다. 하지만 '적절한 거리 조절만으로도 내 마음의 온도 1~2도쯤은 슬쩍 올려놓을 수 있다'는 것은 믿고 싶다. 거리를 두는 건 날씨에 따라 적절하게 옷을 입고 벗는 것과 같다. 더우면 외투 하나 벗고, 추우면 스웨터 하나 입는 것을 통해 내 몸의 온도를 시원하게 혹은 따뜻하게 만드는 것처럼 말이다. 더 나은 나의 일상을 위해서라도, 삶의 여유를 찾아내기 위해서라도 세상과 적절한 거리를 두는 것에 관심을 두어야 한다.

'레드마우스'는 MBC 예능 프로그램 〈복면가왕〉에 출연해 5연승을 했다. 많은 사람들이 궁금해하던 그의 정체는 유희열, 아이유 등 수많은 아티스트가 스스로 팬을 자처하는, '뮤지션들의 뮤지션'이라고 알려진 선우정아 씨였다. 그는 언론과의 인터뷰에서 여백, 여유, 거리에 대한 통찰을 언급했다. '쉬는 날도 음악을 들으며 지내느냐'는 인터뷰어의 질문에 이렇게 답했다.

"전혀요. 쉴 때는 전혀 소리를 안 들으려고 해요. 비워내야만 또 새로운 음악으로 채울 수 있으니까요."

그는 채우기에 급급한 대신 채움을 위해 한발 물러서서 자신과 음악의 거리를 지켜봐야 한다는 철학을 갖고 있었다. '채우기 위해서 비워야 한다'는 그의 말에서 관계의 거리에 대한 지혜를 얻는다. 나와 상대방의 거리는 일종의 '비움'이다. 비워야 할 때 비울 수 있어야 다른 사람의 의견에 대해서 너그러워질 수 있다. 비워야 상대방의 나쁜 점에 집착하지 않고 좋은 점을 찾아낼 여유도 생긴다. 무엇인가를 수용할 수 없는 나의 팍팍한 마음으로는 인간관계가 나아질 수 없다.

무작정의, 냉정한 거리 두기를 말하는 건 아니다. 지나친 애정도, 갑작스러운 이별도 모두 옳지 않다. 적당한 거리를 두면서, 상대방의 이해를 구하면서, 여유롭게 거리를 두자는 말이다. 이렇게 세상을 여유롭게 바라볼 줄 알면 누군가를 함부로 평가하지 않게 된다.

좋고 나쁨을
함부로
말하지 않는다

한 시인을 만나게 된 적이 있다. 나에게 무슨 바람이 불었는지 '나도 시를 쓸 수 있을까?' 해서 시 창작 교실을 찾아갔을 때 강사님으로 뵙게 된 분이었다. 나는 수업을 진행하시는 강사님에게 속된 말로 '빠져'들었다. '시인' 하면 개인적으로 머리에 떠올리고 있었던 '유약함'이라는 이미지와는—나의 잘못된 선입견 혹은 착각! 이것만 봐도 내가 얼마나 시, 그리고 시인을 오해하고 있었는지가 드러난다—거리가 먼 분이셨다. 그는 열정, 적극성, 자신감 그리고 사랑으로 충만한 모습을 보여주셨다. 강사님의 말과 행동에서 시뿐만 아니라 삶에 도움이 될 만한 행동을 배우게 된 건 뜻

밖의 소득이었다.

어느 날이었다. 수업 시간 중에 한 시인이 화제에 올랐다. 재치 만발한 언어유희로 한참 인기를 끌던 시인에 관한 이야기가 '소환' 된 거였다. 시에 대해 문외한인 나조차 그 시인의 이름과 시집의 제목을 어딘가에서 본 적이 있을 정도였으니 확실히 유명한 분이 셨다.

나는 그분에 대해 수강생들이 '훌륭한 시인이다'라고 평가할 줄 알았다. 그런데 그렇지 않았다. 수강생 중 한 분이 말했다. "그런 스타일의 시가 좋게 평가받는다는 게 저는 이해가 되지 않습니다." '큭' 하는 웃음이 누군가로부터 나왔다. 또 다른 수강생 역시 냉소적인 목소리로 "그건 시도 아닙니다"라며 의견을 보탰다. 이번 엔 클래스 전체적으로 웃음이 터져 나왔다. 일종의 긍정 반응이 었다. '맞아. 어떻게 그런 글들을 시라고 할 수 있어?'라는 암묵적 인 동의가 섞여 있었다.

사람들은 클래스의 리더인 강사님에게 눈을 돌렸다. 모임을 이 끌고 있는 전문가이자, 이제는 중견 시인으로 활동 중이신 강사 님의 말—어쩌면 해답! 어쩌면 정해진 정답!—을 듣고 싶었기 때 문이리라. 그것을 눈치채셨을까. 그런데 그는 미소를 지으며 "제가 생각하는 시는 아닙니다"라는, 알듯 말듯 한 말만 하실 뿐이었다. 사람들이 갸우뚱했다. 애매하다는 표정이 여기저기에서 보였다.

누군가로부터 퉁명스러운 질문이 이어졌다. "선생님, 그러니까요. 그런 시는 좋은 건가요, 나쁜 건가요?" 분위기가 조금 냉랭해졌다. 강사님은 당황하는 대신 질문한 분을 여유 있게 바라보았다. 그리곤 이렇게 말했다.

"좋고 나쁨을 함부로 말할 수 있을까요. 다만 제가 쓰고자 하는 시와는 거리가 있습니다."

가만히 듣고 있던 나, 마음속으로 '아, 이렇게 말할 수도 있구나!'라며 감탄했다. 강사님의 화법이 예뻤다. 그의 권위 정도면 누군가의 시 정도는 얼마든지 편하게 평가할 수 있다고 여긴 나의 판단이 '수준 낮음'을 확인한 순간이기도 했다. 강사님은 달랐다. 타인의 글에 대해 최소한의 거리를 두면서 최대한의 예의와 존중을 나타냈다. 자기와 관계없는 그 무엇인가에 함부로 관여하지 않으려는 태도가 지혜롭게 느껴졌다. 현명한 거리 두기의 샘플을 보는 것 같았다.

문단이란 곳, 좁다. 한 사람만 거치면 금방 알게 될 영역이다. 그런 곳에서 타인의 시에 대해 자신의 호, 불호를 적극적으로 나타낼 이유는 없다. 누군가를 '디스' 한 말 한마디가 바로 그 누군가의 귀에 들어가는 순간을 상상해보라. 사실 세상의 모든 것에 일일이 잘남과 못남, 옳고 그름을 확인할 이유는 없다. 나의 일상을 누리는데 아무런 문제를 주지 않는 것이라면 더더욱 그러하다.

누군가, 혹은 무엇인가의 옳고 그름을 하나하나 확인하면서 살려고 하는 것은 나의 삶만 피폐하게 만들 뿐이다. '나 이외의 것'들과 투쟁하는 것이 아니라 내 삶의 본질적인 가치에 집중하려는 노력이 훨씬 더 세련된 삶의 기술이다. 그동안 세상의 그 많은 누구들에게 '내가 누군지 알아?'를 증명하느라 지쳤다면 이제 적절한 거리 두기를 통해 자기 자신을 위로하고 또 행복하게 해줄 차례다.

관계에서
썸은 소중한
거리 전략이다

가수 소유와 정기고가 함께 부른 〈썸〉이란 제목의 노래가 있다.
중독성 있게 반복되는 이 노래의 가사는 흥미롭다. 아래는 가사
의 일부다(맞춤법상 내꺼…내 거, 니꺼…네 거가 맞지만, 최대한 가사
그대로 실었다).

요즘 따라 내꺼인 듯 내꺼 아닌 내꺼 같은 너
니꺼인 듯 니꺼 아닌 니꺼 같은 나
순진한 척 웃지만 말고 그만 좀 해
너 솔직하게 좀 굴어봐

네 맘속에 날 놔두고 한눈팔지 마

너야말로 다 알면서 딴청 피우지 마

피곤하게 힘 빼지 말고 어서 말해줘

사랑한단 말이야

'노래 속의 소유'나 '노래 속의 정기고' 모두 '썸' 때문에 괴롭다고 말한다. 하지만 '썸'이라는 거리가 있기에 인간관계가 흥미롭고, 재밌으며, 나름대로 조화를 이루는 것 아닐까. '썸'이 없는 관계를 '쿨'한 관계로 알고 있었다면 오히려 그것이야말로 인간관계에 대한 무지함을 드러내는 증거다. '내꺼'는 늘, 언제나, 항상 내 곁에만 있어야 하는 그 누군가가 아니다. 이렇게 되면 세상의 모든 관계는 건강하게 버티질 못한다. 상대방의 영역, 공간에 대한 배려 없는 거리 감각 '제로'의 관계는 갑갑하기만 하다.

상대방의 마음에 대한 고민 없이 괜히 혼자 〈썸〉 가사처럼 '매일 아침 정해진 시간에 너의 문자가 없다'고, '하루 끝에는 너의 목소리를 들으며 잠에 들고프다'고, '주말에 많은 사람 속에서 보란 듯이 널 끌어안고 싶다'고 재촉한다면 듣는 상대방은 얼마나 부담스러울 것인가. 상대방은 아직 받아들일 준비가 되어 있지 않은데 '분명하게 선을 그어 달라'고, '자꾸 뒤로 빼지 말고 날 사랑한다 고백해 줘'라고 눈치를 준다면 아무리 멀쩡한 관계라도 엉망이 되는 건 시간문제다.

'썸'은 사라져야 할 긴장감이 아니다. 인간관계 속에서 늘 가다듬어야 할 소중한 거리 전략이다. 그러니 이제 '썸탄다'는 말을 '냉정하다', '머리를 쓴다'는 말로 해석하는 대신 '관계의 거리를 잘 설정할 줄 안다'라고 긍정적으로 해석하면 어떨까. 너무 가까워지기도 싫고, 그렇다고 너무 멀어지는 건 두렵다는 사람에게 '썸의 미학'을 추천하고 싶다.

'썸'을 탈 줄 알아야 자기만의 편견에서 벗어날 수 있다. 이와 관련해 한 여성의 이야기를 소개한다. 스튜어디스를 하던 이 친구, 회사를 그만두기로 했다. 'HRhuman resource' 분야에 대한 관심이 생겨서 대학원에 진학하기로 한 것이다. 남자 친구에게 이 사실을 털어놓았다. 남자 친구는 못내 아쉽다는 표정으로 말했다.

"왜? 스튜어디스 좋잖아! 여성스러운 직업이기도 하고."

자신의 영역을 잘 설정할 줄 아는 이 여성은 웃으며 이렇게 답해줬단다.

"스튜어디스는 여성스러운 직업이 아니야. 누군가에게 봉사하는 직업이지."

여전히 멍한 표정의 남자 친구에게 이 여성은 친절하게 마무리 설명까지 해줬다.

"스튜어디스라는 직업은 '여자라서, 여자에게만, 여성으로서'

좋은 직업이 아니야. 알았지?"

사랑하는 사람이라도, 아니 사랑하는 사람이라면 그 사람이 생각의 오류를 범하고 있을 땐 적절하게 교정해주는 게 맞다. 이왕 교정이 필요하다면 '지금, 당장' 고쳐주는 게 맞다. 상대를 사랑하는 마음으로 잘 모르는 그의 의식 상태를 깨우쳐 주는 건 '착한 지적질'이다. 지적의 상대방이 사랑하는 사람일수록 문제로 삼을 만한 건 문제로 삼는 게 옳다.

천만 관객이 본 영화 〈베테랑〉에선 "문제 삼지 않으면 문제가 되지 않지만 문제 삼으면 문제가 된다"라는 대사가 나온다. 여러 가지로 해석할 수 있겠지만 나는 '문제 삼아야 할 것은 문제 삼을 것'이라는 말에 방점을 둔다. 특히 나와 상대방의, 나와 세상의 거리에 있어서 문제가 된다면, 그 어떤 방법이라도 좋으니, 문제로 삼는 게 맞다. 그러니 주저하지 말자.

좋은 것인지
아닌지에 대한
판단은
나의 몫이다

거리를 두는 방법을 아는 것도 중요하지만 그렇다고 해서 세상 모든 사람과 냉랭한 거리를 두자는 건 아니다. 사람에 대한 믿음을 쉽게 포기하는 건 옳지 않다. 거리를 좁히며 친밀한 관계를 맺을 만한 좋은 사람도 우리 주변에는 얼마든지 많다. 둔감한 우리가 그걸 미처 발견하지 못하고 지나치고 있을 뿐. 거리 두기에만 지나치게 몰두하다간 정작 좋은 사람과의 관계를 좁히지 못한 채 살아가게 된다. 말은 이렇게 하지만 사실 내가 그랬다. 나는 좁힐 수 있는 거리, 좁혀도 되는 거리조차 냉정하게 유지하던 그런 사람이었다. 다른 사람이 다가오는 것에 대해 일단 의심부터 하는 부류였다.

한때 내가 자주 가던 카페가 있다. 남영역 근처, 용산경찰서 앞의 작은 공간이다. 아침에 출근하기 전에 이곳에 들러 마시는 에스프레소 한 잔은 하루를 시작하는 나만의 의식이었다. 잔을 앞에 두고 따뜻한 햇살이 비스듬히 비추는 창가에 앉아 출근 중인 직장인, 등교하는 대학생들을 보고 있노라면 마음이 편해졌다. 몸속 깊숙이 받아들인 에스프레소의 카페인은 아침의 노곤함을 없애주는 활력소였다. 크고 높은 빌딩의 사무실로 출근하지만 그렇다고 내가 크고 높은 건 아니지 않은가. 평범한 나를 위해 아침에 슬쩍 들러 마시는 커피 한 잔은 일상의 작은 위로였다.

어느 날 오후였다. 도대체 머리가 돌아가질 않았다. 출근 시간 이외에는 잘 찾지 않던 카페였지만 새로운 오후를 위해선 카페인이 필요했다. 그곳을 찾았다. 에스프레소 한 잔을 주문했다. 잠시 후 에스프레소가 나왔다. 그런데 손가락 두세 마디만 한 커피콩 모양의 작은 빵 세 개가 함께 나온 게 아닌가. '뭐야?'라는 생각이—시키지도 않았는데 돈 내라는 건가?—들었다. 그래서 말했다. "어? 이거 주문하지 않았는데요?" 사장님은 무심하게, 하지만 미소를 지으며 말씀하셨다. "에스프레소만 드시면 속이 아프실 텐데… 같이 드세요."

혀에서 녹아내리는 '커피콩 빵'을 먹으며 좋은 사람의 작은 친절 하나도 쉽게 받아들이지 못하는 거친 마음의 나를 발견했다. 누군가의 작은 호의조차 있는 그대로 받아들이지 못하는 건조한 나의 마음이 부끄러웠다. 왜 나는 누군가의 마음을 받아들이는 것에 어색할까. 왜 나는 속 좁은 생각부터 했던 걸까. 부끄러운 마음도 잠시, 카페와 나와의 거리가 좁혀진다는 느낌을 받았다. '손님과 주인'의 관계가 아니라 '당신과 내'가 함께라는 느낌에 따뜻했다. 내 생각이 오로지 나만의 짝사랑이었다고 해도 어쩔 수 없다. 느낀 그대로 말할 뿐이니까.

좋은 사람과의 거리는 좁혀질수록 좋다. 좋은 사람의 좋은 것을 좋게 받아들이는 것은 일종의 능력이다. 누군가로부터 받게 되는 사랑, 존경, 배려의 마음을 있는 그대로 나의 것으로 만들려면 '냉정한 거리'라는 프레임만으로는 부족하다. 따뜻하게 나의 마음을 열어놓은 후 누군가의 말에, 행동에 귀를 기울이는 노력이 필요하다. '아픔의 거리'만 기억하느라 꽤 괜찮은 사람이 우리 곁에 있음을 인식하지 못한다면 안타까운 일이다. 화난 고슴도치처럼 세상을 향해 가시를 보여주는 것에만 급급하지 말고 내 주위의 좋은 사람들의 따뜻한 말과 행동을 찾아내는 것에도 힘쓰는 게 옳다.

물론 그렇다고 해서 좋지 않은 것조차 좋게 보라는 말은 절대 아니다. 내가 사회생활을 하면서 들은 최악의 말 중 하나가 '좋은 게 좋은 거다'는 말이다. 이 말은 '어떤 일에 대해서 굳이 문제 삼지 않겠다'는 뜻을 지니는데 이렇게 잔인한 말이 또 있을까 싶다. 개인적으론 거짓된 포장으로 가득한 말이 바로 '좋은 게 좋은 거다'는 문장이라고 생각한다. 이 표현에는 '나쁜 건 맞는데 이 상황에서 네가 좀 참으면'이라는 말이 생략되어 있다. 이제 나는 '좋은 게 좋은 거 아니냐'라고 말하는 누군가에게 반문할 줄 안다.

"그건 좋은 게 아니라 나쁜 거 아닌가요?"

아니 굳이 질문을 해줄 가치도 없기에 "그건 나쁜 겁니다"라고 직설적으로 말해준다. 나쁜 걸 '좋게 좋게' 넘기는 것에 익숙해지면 언젠가 나도 나쁜 사람이 된다는 걸 알기에 이제 망설이지 않는다. 좋은 건 같이 가야 하지만 나쁜 건 거르는 용기도 필요하다는 것을 안다. 그리고 좋은 것인지 나쁜 것인지에 대한 판단도 오로지 나의 몫임을 잘 이해하고 있다.

무례하고 눈치 없으며 말도 안 통하는 사람들이 있다. 특별하게 얽인 관계가 아니라면 그냥 무시하는 게 상책이다. 굳이 그런 사람들에게까지 시간을 들일 이유는 없다. '에잇, 이번엔 내가 참는다'며 조용히 마음만 삭히다가는 '아, 그러지 말 걸'이라는 후회감이 스트레스로 자신의 잠재의식에 켜켜이 쌓인다. '나쁜 걸 좋은 것으로 받아들이는 인생'은 불행하다. 그건 당장의 평화도 아니다. 일시적인 정지일 뿐이다.

　무의식에 쌓인 그런 기억들은 나를 우울하게 만들며 결국 마음의 병으로 확산되기 마련이다. 그러니 이젠 말해버리자. "오늘 좀 예민하다? 좋은 게 좋은 거 아니야?"라는 말을 들었다면 "그건 나쁜 건데요?"라고 되받아치자. 잘못된 것을 받아들이는 것은 상대방의 무례함을 받아들이겠다는 것과 같다. '좋은 게 좋은 게 아니다! 나에게 좋은 게 좋은 거다!'는 마인드가 나의 몸과 마음을 지켜준다.

　나를 소중히 돌보는 일만큼 중요한 건 없다. 고작 누군가로부터 인정받기 위해 힘든 일에도 헐떡거리며, 더 나아가 나쁜 것도 좋게 받아들이며 나를 괴롭힐 이유는 없다. 나를 먼저 위로하고 격려하며 스스로를 보호하는 게 우선이다. '자기 배려'에 충실한 사람은 거리 두기에도 과감할 줄 안다. 상대방의 '그 무엇인가'에 지레 겁먹고는 스스로 약자의 '포지션position'을 선택하지 않는다.

　물론 거리 두기를 시작하면 세상의 많은 벽에 부딪치게 된다. 나보다 잘났지만—인격적으로가 아니라 직급, 지위, 재력, 권력 등에 한해서만!—가까이하고 싶지 않은 사람들 말이다. 하지만 이제 나는 안다. 그런 사람들은 나의 인생에 상수常數가 아니라 변수變數일 뿐이라고. 그들이 늘 내 곁에 있어줘야 한다고, 나를 돕는 사람이어야 한다고 단정하지도 않는다. 나는 오히려 그들과의 적당한 거리가 나를 살리는 길임을 안다.

나의 삶에 대해서 만큼은, '내가 최고의 주인이다'라는 자기 배려의 마음이 어느 때부터인가 생긴 것 같다. 오직 나뿐일까. 당신도 그랬으면 좋겠다. 당신의 일상을 함부로 침범하는 사람들에게 무작정 선량함으로 다가서지 않았으면 한다. 오직 선량함으로 접근할 때 충돌하게 되는 현실이 만만치 않음을 알기 때문이다. 그러니 이제 당신도 기꺼이 말할 수 있기를 바란다.

"당신이 말하는 좋은 게 좋은 것인지 아닌지에 대한 판단은 제가 합니다."

2장

나와 너 사이의 거리를 분명히 하다

나의 시간을
함부로 침범하는
사람들을 경계한다

'머니 톡스money talks'라는 말이 있다. 우리가 사는 자본주의 사회는 돈이 모든 것을 말한다는 것인데 서늘하지만 이 사실을 부인할 수는 없다. 오직 돈에만 해당되는 얘기인 걸까. 시간도 마찬가지다. '타임 톡스time talks'라는 말을 기억했으면 한다. 돈은 결국 타인의 시간을 얼마나 내 것으로 만드느냐에 달렸다. 페이스북, 네이버, 카카오톡 등 플랫폼 사업자들은 사용자들이 자신의 플랫폼에 머무르는 시간을 사업의 성공 기준으로 설정한다. 왜일까. 사람들이 자신의 플랫폼에서 체류하는 시간이 길어야 사업이 성공한다는 평범한 진리를 잘 알고 있기 때문이다. 거리를 좁히려는 그들과 적절한 거리를 두려는 우리 사이의 치열한 신경전이 눈에 보이는 듯하다.

나는 나의 시간을 함부로 쓰려는 사람을 싫어한다. 나의 시간을 함부로 쓰는 사람? 예를 들면 이런 사람들이다. 밑도 끝도 없이 자원봉사를 하라고 강요하는 사람, 아무런 근거도 없이 재능 기부를 하라는 단체 소속의 구성원 등이 그들이다. 자신들은 누군가의 돈을 받아가며 일하면서도, 정작 타인의 시간에는 돈을 지불하지 않아도 된다는 생각을 가진 사람들에겐 참을 수 없는 분노가 치밀어 오른다. 모든 것을 일반화해서 말할 수는 없지만 말이다.

오래전의 일이다. '사회적 기업'에 근무한다는 분의 전화를 받았다. 그는 대학생들을 위해 좋은 말씀을 해달라고, 직장 선배로서 대화의 시간을 가져 달라고 요청했다. 평일 저녁 두 시간 정도면 적당하단다. 거기까진 좋았다. "강사료는 따로 없습니다. 저희는 작가님의 재능 기부를 원합니다." 당황스러웠다. 교통비조차 제공되는 건 없단다. '사회적 기업', '대학생을 위한 시간', '재능 기부' 모두 좋은 단어다. 하지만 그 좋은 단어들을 왜 그렇게 오염시켜버리는 것일까 하는 생각이 들었다.

그는 계속해서 "좋은 일 하신다고 생각하시고…"라는 말만 되풀이했다. 머뭇거리는 나에게 그는 뭔가 대단한 '딜deal'을 하는 것처럼 충고까지 했다. "우리 단체의 홈페이지에 김 작가님의 사진과 이름이 나가는데…." 그들의 사업에 내가 무보수로 참여할 때 얻게 될 '베네핏benefit'은 '김범준의 유명해짐'이라는 거였다.

불쾌했다. 한편으론 그 경험을 통해서 나의 시간을 아무렇지도 않게 생각하는 사람들이 존재하고 있음을, 아니 그 이전부터 꽤 많은 사람들이 나의 시간을 아무렇게나 사용하고 있었음을 깨닫게 된 건 의외의 소득이었다. 생전 처음 이야기를 나누게 되는 사람과 나의 거리는 얼마나 될까. 꽤 멀 것이다. 그런데 그는 "우리는 좋은 일을 하는 사람이다. 어려운 사람을 위해—대학생들이 어려운 사람이라는 일반화 논리도 우습다!—당신의 시간을 공짜로 달라"라며 함부로 거리를 좁혔다.

참고로 그때 나는 이렇게 대화를 진행했다.

나: 여쭤볼 게 있습니다.

그: 네, 말씀하세요.

나: 지금 계시는 곳, XXX가 사회적 기업이라고 하셨죠?

그: 네, 맞습니다.

나: 혹시 지금 전화 주시는 실장님께서는 그곳에서 무보수로 일하시나요?

그: ….

이후 몇 마디 오고 가고 전화는 곧 끊겼다. 모르겠다. 그가 나를 '이런 좋은 일에도 치사하게 돈을 바라는 나쁜 놈'이라고 생각했을 수도 있다. 하지만 나는 이런 관계는 맺고 싶지 않다. 이런 식으로 무작정 가까워지는 거리는 정중하게—마음속으로는 거칠게!—거절한다. 혹시 당신도 이런 나를 두고 냉정한 사람이라고 말할 수도 있겠다. 하지만 나의 입장은 확고하다. 상대방과의 거리를 생각하지 않는 말과 행동은, 타인이 설정한 경계를 넘어 훌쩍 접근하는 말과 행동은, 그것이 설령 선한 의도였다 할지라도 '폭력'이다.

나도 안다. 자원봉사, 재능 기부 모두 우리 사회에 반드시 필요한 소중한 가치임을. 하지만 명분이 무례함을 덮을 순 없다. 명분은 예의를 갖춰야 상대방에게 전달된다. 자원봉사를 할 사람의, 재능 기부를 할 사람의 시간을 요청하면서도 아무런 대가를 지불할 수도 없다면 최소한 예의라도 지켜야 한다. '유명해질 수 있잖아요?' 등을 재능 기부에 대한 명분이라고 생각한다면, '봉사에 대가를 원하느냐?'며 비아냥댄다면, 그건 착각이다. 타인과의 기본적인 거리에 대한 감각조차 없는 사람이다.

물론 누군가로부터 미움받을 수도 있을지 모른다는 걱정에, 더 이상 기회를 얻지 못할 것 같은 두려움에, 상대가 나를 떠날지도 모른다는 불안함에, 좋은 사람이라는 소리를 듣고 싶은 소심함에 상대방의 불유쾌한 제안을 받아들이는 것이 낫겠다는 생각을 할지도 모르겠다. 그래서 억지로 응하는 사람도 꽤 될 테다. 하지만 나는 아니다. 나를 지키기 위해서라도, 나를 둘러싼 세상이 좀 더 염치 있는 방향으로 진보하기 위해서라도, 할 말을 한다. 속 좁은 인생 같지만 그게 나를 지키는 일이고, 나의 경계를 짓밟고 함부로 거리를 좁혀오는 누군가에 대한 최소한의 방어수단이라고 생각하기 때문이다.

자본주의 사회에서 귀중한 자산인 시간을 허투루 여기지 말아야 한다. 나의 시간 비용을 상쇄할 만한 '죄송하다'는 액션을 하든지, 아니면 '그냥 돈'으로 나의 시간 값을 지불하는 것이 아니라면 깔끔하게 '없었던 일처럼' 처리하는 게 나를 보호하는 방법이다. 굳이 누군가의 '노리개'가—좀 심한 표현이라는 생각이 들긴 하지만!—될 필요는 없다. 괜히 중요하지도 않은 누군가의 제안에 휘둘리느라 나의 본질적인 가치를 훼손할 이유는 없다. 그런 '품격 없는 제안'은 다소 냉정하더라도 나의 시간에서 '분리수거'를 해두는 게 맞다. 내 인생을 갉아먹는 쓰레기는 묵히면 냄새만 난다. 그때그때 버려야 한다.

직장에서도 마찬가지다. 직장에선 내가 할 일만 잘하면 된다. 그뿐이다. 직장은 나에게 월급을 주며 그 월급은 나의 역량이 포함된 시간에 대한 대가다. 나는 그 대가를 위해서 출근 시간과 퇴근 시간, 그리고 근태 등 직장의 규율을 지켜야 하며, 나름대로의 성과를 내야 하는 것이 맞다. 다만 그 이상은? 직장의 상사라고 부하의 시간을 함부로 침범해선 안 된다.

"오늘 집에 아무도 없어서… 김 대리, 저녁이나 먹고 가지?"라는 말을 하는 건 부하의 시간과 공간을 침해하는 무지한 말이다. "아뇨, 오늘 그냥 가려고요"라며 정중하게 거절하는 부하의 말에 "왜, 저녁 안 먹어?"라며 오로지 자기 입장에서만 말하는 상사 때문에 정신적 스트레스를 받아야만 하는 수많은 직장인들의 애환이 안타깝다. 비슷한 사례는 이외에도 직장 생활의 여러 장면에서 찾아볼 수 있다.

Case 1_

휴가를 다녀왔다고 보고하는데 상사가 하는 말,

"푹 쉬다 왔으니 이제 열심히 일해야지?"

···→ '남들 다 사용하는 휴가를 쓴 건데 무슨 말인지? 남들은 없는 휴가를 나만 혼자 쓴 건가?'

Case 2_

일찍 퇴근할 때(=사실은 정시 퇴근) 상사가 하는 말,

"요즘 일 없나 봐?"

⋯→ '근태 기준에 맞춰 정시 퇴근하는 건데 무슨 소리지?'

이젠 이런 말들에 상처받지 않도록 한다. 혹시 이런 말로 상처를 주고 있는 당사자라면 앞으로는 절대 이런 말을 뱉어서는 안 된다. 내가 필요 이상으로 상대방의 시간에 접근해 있는 건 아닌지, 누군가의 시간 속에서 함부로 머무르고 있는 건 아닌지 늘 살펴보아야 한다. 상대방과의 거리를 좁히고 싶을 때마다 그의 시간에 대해 책임을 질 수 있는지 스스로 질문을 던져보는 훈련이 필요하다. 그게 나 이외의 다른 사람과 잘 살아가는 현명한 관계 맺기의 기술이다.

당신의 하나님
그리고
나의 부처님

영화배우들의 수상 소감은 늘 흥미롭다. 이번엔 나문희 씨가 '한 건' 했다. 그는 2018년 제38회 청룡영화상에서 영화 〈아이 캔 스피크〉로 여우주연상을 수상했다. 수상 소감은 이랬다. "지금 아흔여섯인 우리 친정어머니의 하나님께 감사드리고, 나문희의 부처님께도 감사드립니다." 그저 재치 있는 말 정도로만 생각하는 사람들도 있겠지만, 나는 그의 아름다운 거리 감각에 감탄하지 않을 수 없었다.

수상 소감의 단골 멘트 중의 하나가 종교적 멘트다. 나문희 씨는 그 종교적 멘트를 세련되게 처리하는 방법의 정석을 보여줬다.

'자신의 부처님'을 말하면서도 '어머니의 하나님'까지 언급하는 걸 잊지 않았다. 기독교인, 그리고 불교도 모두를 아우르는 센스를 보여줬다. 이런 건 도대체 누가 가르쳐준 것일까. 이런 말을 가르쳐주는 곳이 있다면 거액을 주고서라도 배우고 싶다.

민감한 문제일 수도 있지만—종교에 관한 것이기 때문에—내가 겪었던 일을 말해보고자 한다. 몇 년 전의 일이다. 강연이 끝날 무렵에 질의응답을 받았다. 한 분이 마이크를 잡았다. "요즘 명상을 배우고 있다고 하셨는데 저도 관심이 있습니다. 마음이 불안하고 그래서요⋯ 배워 보니 어떠신가요?" 이제 내가 말할 차례였다.

"최근에 작은 일에도 화를 내는 저를 보면서 고치고 싶다는 생각을 했습니다. 회사에서 진행된 명상 클래스를 수강하게 되었고 마음이 편안해지는 느낌을 받았습니다. 그게 본격적으로 공부하게 된 계기였⋯"

이때였다. 갑자기 누군가가 큰소리로 말하며 끼어들었다.

"마음이 불안하면 종교를 가져야지, 무슨 명상은⋯"

당황스러웠다. 당신이라면 이럴 때 어떻게 대응했을 것 같은가. 아래에서 한번 골라보자.

① ⋯ (매섭게 노려본다)

② 왜 끼어들어요? 말 함부로 하실 거면 나가 주실래요?

③ 잘 모르시는 것 같은데 명상은 서양 심리학에서도 인정하는….

④ 말씀, 고맙게 들었습니다. 참고로 저는 제 경험을 말씀드렸을 뿐입니다.

나는 ④번을 택했다. "그냥 저는 제 경험을 말씀드렸을 뿐입니다." 친밀하지 않은 관계에─청중과 강사라는 거리를 고려해봤을 때─적당한 대응이었던 것 같다. 더 이상의 소란은 일어나지 않았다. 나문희 씨가 나의 입장이었더라면 어떻게 대답했을까.

상대방을 무시하는 사람이 있다. 그들은 상대방이 속한 집단을 무시하고 상대방이 속한 집단의 문화도 무시한다. 거리에 대한 기본적 감각을 상실한 행동을 한다. 사회는 나와 타인이 함께 사는 공간이다. 그 공간은 나름대로의 집단으로 구획되어 있다. 집단이란 각 집단의 구성원들이 영위하는 삶의 축소판이다. 다른 집단이란 내가 살지 못한 삶을 누군가가 '대신' 살아낸 곳이다.

내가 살지 못한 삶을 통째로 경험한 사람이 자신의 곁에 있다면 그의 경험담을 감사한 마음으로 받아들이는 게 옳다. 하지만 보통 우리는 '내가 살아보지 못한 남의 삶'에 대해 감사는커녕 거부와 반발의 마음만으로 접근하면서 관계의 거리를 깨트린다. 받아들이지 못하겠다면 그냥 조용히 있으면 되는데, 무작정 자신의 입장만 말하는 건 촌스럽다.

잘 알지도 못한다면,
차라리 침묵을

강남 한 귀퉁이에서 작은 가게로 남성복 매장을 시작하여 이제는 중견 의류회사의 대표가 된 분이 지면 인터뷰를 했다. 뻔한 성공 담이었기에 그냥 그렇게 읽다가 시쳇말로 '무릎을 탁' 치며 깨닫게 된 대목이 있었다.

　그의 가게가 한참 잘나갈 때의 얘기였다. 특히 연예인들의 출입이 빈번했다고 했다. 하지만 힘들었다고 했다. 싹싹하게 그들과 말을 섞는 것이 어색해서였단다. 단골이라면 살갑게 인사하고 농담도 하면서 친밀하게 지내야 할 것 같은데 성격상 그걸 못하니 왠지 잘 못하고 있다는 생각에 늘 고민이 많았다. 그러던 어느 날이었다. 당대 최고의 남성 배우 한 분이 그에게 "왜 연예인들이 여기에 오는지 아세요?"라고 물어봤다. 대답을 못하고 있는데 이렇게 말하더란다.

"사장님은 우리가 하는 말을 잘 듣지도 않고 또 금방 잊어버리잖아요. 그래서 말이 밖으로 새어나갈 걱정이 없어서 그래요."

'들은 말을 잘 잊어버리는 것이 경쟁력'이라니! 말 때문에 얼마나 많은 고생들을 했으면 연예인들이 가장 말주변 없는 사장이 운영하는 가게를 일부러 찾아왔을까. 말의 속성이 그렇다. 하기도 힘들고 듣기는 더더욱 힘들다.

심리 상담을 직업으로 하는 분의 이야기를 듣게 되었다. 아직 마흔이 되지 않은 나이의 여성이다. 그런데 직무상 스트레스가 만만치 않단다. 어느 날 자신의 방을 전부 '키티' 캐릭터로 도배를 했는데 이를 본 그의 어머니가 "도대체 이게 뭐냐? 정신 사납게 왜 이러냐?"라고 물어보시기에 이렇게 말했다고 한다.

"키티는 입이 없잖아!"

그놈의 입이 문제다. 입은 사람과 사람 사이의 적절한 거리를 엉망으로 만든다. 좋은 거리를 유지하기는커녕 서로의 사이에 깊고 깊은 웅덩이를 파놓는다. 관계를 단절시키는 말들이 우리를 슬프게 한다. 서로를 배려하지 않는 말들이 얼마나 문제가 되는지,

그래서 건전해야 할 관계의 거리를 어떻게 망쳐놓는지 몇 개의 사례를 살펴보기로 한다.

Case 1_

"모녀간이시죠?"

우선 내가 저질렀던 최악의 실수 하나부터 고백하겠다. 자녀를 둔 부모의 대화법을 주제로 특강을 진행할 때였다. 강의 장소의 분위기도 좋았고 청중들의 반응 역시 괜찮았다. 한 시간 반의 강의 시간이 순식간에 지났다. 끝날 무렵에 앞자리에 옹기종기 앉아서 긍정적인 액션을 주시던 두 명의 여성 청중에게 감사의 마음이 들었다. 그래서 말했다. "너무 반응이 좋으셔서 제가 선물 하나 드리려고요. 제 책 한 권…" 두 분이 약속이나 한 듯 서로를 보며 웃고 좋아하셨다.

기분이 좋았다. 말을 이어갔다. "모녀간이시죠? 어느 분에게 드리면 될까요?" 갑자기 뭔가 분위기가 싸해졌다. 아차, 두 분은 친구였던 것이다. 아, 이럴 수가. 이런 멍청한 놈. 그 후의 이야기는 더 말할 필요도 없을 게다. 지금, 여기서 다시 사과를 드린다. "죄송합니다. 진심으로 사과를 드립니다. 제가 잠시 미쳤었나 봅니다." 몇 번이나 사과를 드렸지만 아직도 죄송한 마음이 가슴에 가득하다.

Case 2_

"둘이 어디로 샌 거 아니지?"

건네고 싶은 농담의 수준을 잘 모르면 조용히 입 닥치고 있어
야 한다. 괜한 말로 그나마 유지되는 거리를 엉망으로 만들고 싶
지 않다면 말이다. 한 미혼 여자 직장인이 외근을 나가게 되었다.
선배인 기혼 남자 직장인의 차를 타고 갔다. 다녀와서 팀장에게
보고를 하는 중에 팀장이 말한다. "둘이 운전만 하고 다녀온 거
맞지?" 왜 이런 걸 말이라고 지껄이는 걸까. 아무리 가까운 사이
라고 하더라도 누군가의 영역을 침범하여 사생활을 건드리는, 이
런 수준 이하의 말을 하고서도 마음이 편할까. 교양 없는 인간임
을 스스로 드러내놓고도 스스로 '유머 했다'고 착각하는 이 무책
임함의 끝은 어디일까.

Case 3_

"느그 아버지 뭐하시노?"

옛날 옛적, 호랑이 담배 피우던 시절에는 초등학교에서 선생님

이 "집에 냉장고 있는 사람 손들어 봐", "집에 피아노 있는 사람?", "아버지가 공무원인 사람 누구지?"라며 물어보곤 했단다. 지금이라면 당장 '아동 학대'로 고발되어야 마땅할 언어들이 교실에서 난무했다. 선생님의 이런 말들을 들으며 여린 마음의 우리 아이들이 얼마나 상처를 입었을지 생각만 해도 끔찍하다. 이런 분위기에서 과연 선생님과 아이들이 진심에서 우러나오는 따뜻한 관계의 거리를 만들어낼 수 있었을까.

위의 사례들의 특징은 분명하다. 잘 알지도 못하면서 섣불리 말을 하려다 관계의 거리를 망친 경우다. 모두 상대방의 상황을 잘 알지도 못하면서 오로지 자신의 선입견이나 생각만으로 아무렇지도 않게 말을 내뱉음으로써 상대방에게 마음의 상처를 줬다. 그들은 겸손하지 못했다. 자신에 대해 겸손한 사람이었다면 타인에 대해 함부로 말하고 행동하지 않았을 것이다.

겸손한 사람은 자신의 의견을 말하는 것보다는 상대방의 고민이나 걱정을 받아주는 걸 우선으로 한다. 문제해결을 위한 정답을 주기 이전에 문제로 생긴 마음의 상처를 보듬어주려고 애쓴다. 그렇다고 해서 지나친 감정이입에 빠지지도 않는다. 자신이 해야 할 일, 그리고 상대가 있어야 할 위치를 늘 확인하며 말하기에 관계의 거리를 적절히 유지해 나간다.

그런데 이렇게 '정상적으로' 말하는 사람을 찾아보기가 어려우니 답답한 일이다. 사회생활이라면, 인간관계라면 안과 밖을 구별하는 지혜는 필수다. 나와 타인, 나와 세상의 거리를 말과 행동으로 잘 조절해내고 있는지 관심을 두는 것이 맞다. 이를 게을리하면 누군가의 마음에 상처를 준다. 물론 자기 자신도 곤란해질 수 있다.

한 여자 대학생이 있었다. 밤 10시나 되었을까. 학교에서 돌아오는 길에 속칭 '바바리맨'을 만났다. 늘 당당한 그녀였기에 '그놈'에게 소리치며 대항했고, 놀란 그놈은 순식간에 줄행랑을 쳤다. 인근에 경찰 지구대가 있었다. 신고를 하려고 찾아갔다. 변태를 만났다, 이래서야 안전한 귀가를 할 수 있겠느냐며 경찰관에게 말했다. 이 말을 들은 경찰관이 도움을 요청하는 여대생에게 한 첫마디는 이랬다.

"이 동네, 원래 위험한 곳인 거 몰라요? 이 늦은 시간에… 앞으론 밤에 짧은 치마 입고 다니지 마세요."

피해자인 대학생에게 '변태 그놈'과 '경찰관 그놈' 중 더 나쁜 놈은 도대체 누구였을까. 자신을 지켜줄 것만 같았던 경찰관으로부터 들은 말은 경찰관 역시 '똑같은 그놈', 아니 '더한 그놈'임을 대학생에게 알려준 셈이 되었다. '괜찮은 경찰관'이었다면 민원인인 대학생의 이야기를 듣기 전에 먼저 이렇게 말했을 것이다.

"놀라셨죠? 다친 곳은 없었나요? 집에 연락드릴까요? 여기에 편하게 앉으세요."

감정을 달래고 마음을 편하게 해주는 말을 건넸을 테다. 조사? 수사? 중요하다. 하지만 그 이전에 서로의 적절한 거리를 세팅한 후에 진행할 일이다. 해결책을 제시하기 전에 상대의 다친 마음을 헤아리고 걱정할 줄 알아야 아직은 서먹서먹한, 관계의 거리를 좁힐 수 있다.

상대의 말을 잘 들어줬다고 하더라도 섣불리 해결책을 알려주는 건 여전히 성급하다. 대신 반성의 말로 시작하는 게 맞다. "좀 더 안전한 귀갓길이 되도록 노력하겠습니다." 그러고 나서야 "아직 경찰력이 구석구석까지 닿지 않는 곳이 많으니 혹시 늦은 밤에 귀가를 하시게 되면 경찰서에 동행 귀가를 요청하시는 방법으로 위험을 줄이십시오"라고 조언하면 된다. 이도 저도 어색하다면 그냥 조용히 입 다물고 고개만 끄덕이면 된다. '키티'처럼.

가족 사이에도
넘지 말아야 할
선이 있다

한 모임에서 알게 된 삼십 대 중반의 여성 이야기다. 그는 회사를 이직하게 되었다. 이직할 회사에 양해를 구해 2주간의 여유가 생겼다. 몇 년간 고생한 자신을 위해 선물을 주고 싶었다. 엄마에게 말했다. 2박 3일 동안 제주도로 여행을 다녀오겠다고. 누구와 함께 가냐는 말에 혼자라고 하니 엄마가 놀라며 말했다.

"무슨 여자가 혼자 여행을 다니니?"

세상 위험한 줄 모르고 여행을 간다며 타박을 하셨다. 속으로 '엄마, 제발' 했다. 세상을 위험하게 만드는 건 엄마가 생각하고 있는 바로 그것이라고 반문하고 싶었다. 거리감이 느껴졌다. 항상 자신을 지지해준 고마운 엄마지만 나이 서른이 훌쩍 넘은 딸이 혼자 여행 가는 것에 대해서도 불안해한다면 자신은 잘못 성장한 것 아닌가 하는 자괴감이 들었다. 그 자괴감은 어느새, 엄마와의 거리감, 아니 세상과의 거리감으로 확장되는 것만 같았다.

짧은 일화지만 많은 것을 생각하게 했다. 부모라면 자식이 서른이든 마흔이든 세상에 내놓기 불안하다는 것을 안다. 하지만 그건 자식이 세상과의 거리를 좁히지 못하고 영원히 좁은 틀에서 안주하게 만드는 폭력과 같다. 이 같은 폭력을 경험하고 나면, 부모와 자녀간의 대화는 더 이상 이루어질 수 없다. 거리는 멀어지고 어느새 벽이 생겼음을 느끼게 될 것이다.

프로이트와 쌍벽을 이루는 정신의학 분야의 개척자인 '칼 구스타프 융Carl Gustav Jung'의 이야기를 들어보자. 그는 '고백confession'의 중요성을 강조했다. 심리치료의 첫걸음인 고백의 단계에서 상대방내담자, 즉 상담을 받으러 온 사람이 자신의 억제된 감정이나 숨겨왔던 비밀 등을 상담자치료자, 즉 상담을 하는 사람에게 털어놓고 공유해야 치료 과정의 다음 단계인 해석, 교육, 그리고 변환이 원활하게 진행된다는 것이다. 즉 고백이 없다면 다음 단계로의 심리치료는 곤란하다는 얘기였다.

부모가 다 큰 자녀의 여행까지 참견과 간섭으로 개입한다면 아마 자녀에겐 더 이상 부모에게 '고백'하려는 의지가 없어질 것이다. 자기가 용기를 내어 공개한 영역에 대해 존중하기는커녕 방해만 하고 훼방만 놓는 사람과 더 이상 대화를 하고 싶은 사람은 없다. 혹시 당신이 자녀를 가진 부모라면 기억할 만한 얘기다. 자녀와 거리를 좁히려는 마음가짐은 좋지만 그렇다고 일방적으로 자녀의 영역에 침범하여 들어가는 건 곤란하다. 대신 적절한 시기와 공간에서 자녀와 거리를 떼려는 말과 행동은 오히려 부모와 자녀의 관계를 가깝게 해주는 지름길일 수 있다. 그러니 이제 딸이 혼자 여행을 간다고 주저하면서 말한다면 이렇게 대답하라.

"잘 다녀와 줄 거지?"

자녀의 나이가 비교적 어리다고 해도 마찬가지다. 첫째가 초등학교 졸업을 앞둔 때였다. 농구동아리 친구들 열 명과 스키장을 다녀오겠단다. "당일로 다녀오는 거지?" 아니란다. 자고 온단다. 얘기를 들어보니 스키장 왕복은 스키장에서 제공하는 무료 셔틀버스를 타고 오고 간다. 숙소는? 아이들을 인솔하는 친구의 엄마 두 명이 예약을 해줬단다. 방을 세 개 잡아서 남자애들이 두 개를 쓰고 나머지 한 개를 엄마들이 쓰나 보다. 그래도 불안했다. '엄마 두 명이 남자 애들 열 명을 감당해낼 수 있을까?' "안 돼. 위험해"라고 말리니 아이는 '쳇' 하고 얼굴을 돌리더니 한마디 던진다. "애들도 아닌데… 아빠는 괜히 참견이야."

살다 살다 내가 이렇게 꼰대 취급당하는 날이 올 줄이야. 아들의 꼰대 취급, 기분 나쁘지만, 인정한다. 아이의 말이 옳다. 지킬 것만 지킨다면 친구들과 여행을 하는 건 아이의 사생활이다. 헌법 17조 "모든 국민은 사생활의 비밀과 자유를 침해받지 아니한다"는 아이들도 주장할 수 있는 당연한 권리다.

엄마, 아빠의 손길이 필요한, 초등학교 저학년생도 아닌 이제 중학생이다. '부모로서 정당한 걱정'이라고 말해봐야 실상은 '꼰대 부모의 불필요한 간섭'일 뿐이다. 바른 말이고 옳은 말일 수 있지만 아이들의 눈으로 봤을 땐 자신들의 영역을 침범하는 폭력 행위로 느껴질 수도 있다. 엄마, 아빠의 눈으로 봤을 땐 어린아이들이지만 나름대로 자신의 영역을 갖고 있는 인격체다. '전지적 참견 시점'의 부모라면 이제 '겸손 시점'의 부모로서 자녀들과의 적절한 거리 두기에 신경을 쓰는 게 맞다.

언젠가 중저가 양복으로 큰 매출을 일으킨 사업가의 이야기를 신문에서 읽게 되었는데 흥미로운 부분이 있었다. 대학교수인 아버지가 자신이 대학입시에서 서울대를 떨어지자 관심과 기대를 딱 끊었다고 했다. 그런 아버지의 모습이 그에게는 반전의 계기가 되었다. 그 사건을 통해 '기대받지 않는 삶이 자유롭다'는 걸 깨달았다는 것이다. 어찌어찌 대학을 졸업하고 조직에 묶이는 회사원의 길을 택하지 않고 일찍 사업에 뛰어들게 된 계기가 되었다. 지금은 성공한 기업가가 되어 말 그대로 '자유'를 만끽하면서 하고 싶은 걸 하면서 산다고 했다. '아버지의 기대가 끊어지자 자유를 얻게 됐다'는 말, 대한민국의 모든 부모들이 한 번쯤은 새겨볼 만한 명언 아닐까.

아이들도 그들 나름대로 자신들이 지키고 싶은 영역이 있다. 지나친 간섭은 부모로부터 거리를 더욱 멀리하려는 자녀들의 태도로 나타난다. 지금이야 '참견한다'며 투정 부리는 정도로 끝나겠지만 조금 지나면 그 투정조차 부리기를 귀찮아하면서 아예 대화의 문을 닫을지도 모른다. 그러니 자녀가 부모에게 하는 '불편하다'는 표현을 '애들의 뻔한 투정'이 아닌 '아빠와 엄마에게 마지막으로 주는 기회의 선물'이라고 생각하면서 아이들의 의사를 존중해주는 기회로 삼는 게 맞다.

나의 과거를 반성한다. 아이들이 어른의 이야기에 끼어들면 "어른들 말하는 데 애들이 끼는 거 아니다"라며 "저리 가라"고 윽박지른 경우가 한두 번이 아니었다. 그랬을 때는 언제고 이젠 왜 그 애들이 자기네들끼리 노는 데 끼어서 이래라저래라 하는 건가. 아무리 아빠라지만 끼고 싶을 때 마음대로 끼는 건 예의가 아니다. 이제 아이가 끼지 말라고 할 땐 끼지 않기로 했다. 솔직한 심정으로 성질이 나는 건 여전하지만 그래도 이젠 몇 초 만이라도 심호흡을 하며 아이의 마음을 조금이라도 이해해보려고 노력한다. 아이들의 투정은 그들 나름대로 최소한의 거리를 유지하려는 '자신들만의 방어법'임을 인정하면서 말이다.

자주 보고 늘 같이 밥을 먹는 사이라고 할지라도 적당한 거리는 필요하다. 한집에 사는 가족일지라도 그러하다는 말이다. 아빠와 딸, 엄마와 아들, 남편과 아내 모두 마찬가지다. 상대방의 모든 것을 다 알아야만 속이 풀린다고 생각하는 당신이라면 행복한 가족을 꾸리겠다고 덤비기 전에 내가 가족에게 큰 부담이 되지는 않을지 생각해볼 일이다. 알고 지내는 사이일수록 오히려 서로의 거리를 충분히 존중할 줄 알아야 한다.

허물없는 모습을 보여준다고 솔직한 게 아니다. 허물은 각자 조금씩 숨기면서 사는 게 맞다. 징글징글한 가족 관계를 마주하고 싶지 않다면 서로의 거리를 인정하고, 각자의 경계를 존중하며, 적당한 호흡을 할 여유 정도는 주는 게 맞다. 그러니 괜히 지지고 볶고 울고 짜면서 '이게 바로 가족! 이게 바로 행복!'이라며 착각하고 살지 마시길.

나는 나의
영역을 지킬
권리가 있다

영화 〈싸움의 기술〉의 주인공은 두 명이다. 맞고 사는 게 일상인 찌질한 고등학생 '송병태', 그리고 전설의 싸움꾼 '오판수'가 그들이다. 송병태는 오판수에게 더 이상 맞고 다니기 싫다면서 싸움의 기술을 알려달라고 한다. 오판수는 송병태에게 칼 한 자루를 건넨다. 그리곤 말한다. "선을 넘을 수 있겠냐? 싸움을 그렇게 배우고 싶다면 그 칼로 나를 찔러봐." 나는 이 장면에서 '선을 넘는다'는 오판수의 말에 주목했다. 누군가의 경계를 넘어선다는 건 '무엇인가'를 들고 그의 영역에 들어간다는 말과 같다. 그 '무엇인가'는 그를 베는 칼일 수도, 혹은 그에게 희망을 주는 선물일 수도 있다. 우리는 지금 누군가의 경계를 넘어설 때 무엇을 손에 들고 있는 걸까. 칼? 선물?

20대 여성이 나에게 하소연을 했다. 자기보다 여섯 살이 많은 남자와 6년째 사귀고 있다고 했다. 문제가 생긴 건 최근이었다. "우리 이제 서로 스마트폰 패턴은 공유했으면 좋겠어." 남자가 말을 꺼냈고 여자가 답했다. "아니, 사생활은 각자의 영역으로 남겨두고 싶어." 남자의 표정이 일그러졌다. "우리는 결혼까지 고민하는 사이잖아. 어떻게 각자의 영역이라고 할 수 있는 거지? 뭐야, 내가 모르는 뭔가가 있는 거 아니야?" '제안'은 곧 '강요'의 분위기로 흘렀다. 여성은 당황했고 이 일로 인해 잠시 만남을 멈춘 상태였다. 답답한 상황이었다.

나는 지극히 개인적인 생각이라는 걸 전제로 이렇게 말해줬다.

"제가 당신이라면 나의 스마트폰 패턴 하나 비밀로 지켜주지 못하는 그런 남자와는 그만 만날 것 같습니다."

연인 관계라고 해도, 아니 연인 관계이기 때문에 더더욱 각자의 사적인 영역은 철저히 보장되는 게 마땅하다. 그건 관계를 지켜내는 기본 중의 기본이다. 연인이라고 '내 것도 내 것, 네 것도 내 것'이라고 생각한다면 그건 관계의 거리를 너무 쉽게 생각하는 처사다. 연인이기에 서로의 사생활은 없어야 한다는 생각은 관계의 거리를 훼손하는 폭력이다.

무방비 상태로 사생활을 침범받고 있는 게 일상인 우리의 현실은 암울하다. 시스템이 거리를 지켜주지 못한다면 우리 인간들만이라도 서로의 영역을 지켜줘야 할 텐데 그렇지 않으니 답답하다. 사랑하는 사이일수록 서로의 거리를 지켜주는 '거리 감수성'은 필수다. 가까울수록 서로의 영역을 확인하고 인정하는 태도가 필요하다. 사실 그렇게 어려운 것도 아니다. 그런데 이 쉬운 걸 우습게 여기다 관계의 평화를 깨트린다.

물론 필요할 땐 선을 넘어야 한다. 자신의 영역, 자신이 여유로워야 할 공간적 거리가 무시당할 때가 그때이다. 예를 들어보자. 나는 종종 서울 이외의 지역으로, 예를 들어 부산, 광주 등으로 강연을 다닌다. 차를 갖고 갈 때도 있지만 빠르고 편한 SRT나 KTX를 이용하곤 한다. 대전 정도의 거리라면 일반실을 이용하지만 두 시간 이상의 지역에 갈 때는 무리를 해서라도 특실을 이용한다. 수고하는 나에게 선물을 주고 싶어서다. 특실을 이용한다는 건 여러 가지 혜택을 기대하는 것과 같다. 사이즈가 큰 의자, 여유로운 앞뒤 좌석간의 간격, 무료 먹거리생수 및 간단한 스낵 등이 그것이다. 하지만 그 무엇보다도 일반실보다 상대적으로 조용하고 쾌적한 분위기가 좋다.

그런데 가끔은 '내가 이러려고 돈을 더 주고 특실 좌석을 구매

했나?'라는 자괴감이 들 때가 있다. 특히 내가 앉은 좌석 가까운 곳에서 큰 목소리로 전화를 하는 사람들이 있으면 그렇다. 조용하게 한두 마디만 하고 끝나면 전혀 문제가 없다. 그런데 기차가 한강대교를 건너기도 전부터 시작해서 천안아산역에 이르도록 지금은 어디고, 그래서 어떻고, 곧 가는데 밥은 뭐 먹을 거고, 기차에서 내려서 버스를 타고 가야 할지 택시를 이용할지 모르겠고 등을 주절주절 떠드는 사람이 내 뒷좌석을 차지하고 있으면 그날은 나에겐 '운수 나쁜 날'이다. 일반실보다 거의 50% 이상을 더 주고 값을 치른 특실은 순식간에 일반실보다 못한 좌석으로 변해버린다.

예전에는 이런 사람들에게 속수무책으로 당했다. 내가 할 수 있는 일이라곤 귀에 이어폰을 깊게 끼어 넣고선 볼륨을 높이는 것이 다였다. 그럼에도 들리는 뒷좌석의 목청 큰 전화 소리에 스트레스를 받으며 자기 주변 사람과의 거리를 의식치 않는 이런 인간들의 파렴치함에 분노하고 또 그 분노가 나 자신의 피로감으로 고스란히 이어지는 걸 바라만 보고 있었다. 더 나아가 '나는 왜 이리도 운이 없는 걸까?' 생각하며 멀쩡한 나 자신을 비난하기까지 했다.

이젠 그냥 있지 않는다. 그렇다고 통화하는 사람을 똑바로 쳐다보면서 "객실에서 큰소리로 전화를 하는 건 객실 규정 위반입니다"라고 말하는 식의 신경전을 벌이지 않는다. 그저 승무원이 지나갈 때를 기다려 "객실에서 휴대전화를 사용하는 분들 때문에 영 피곤합니다"라며 도움을 청한다. 이 말을 들은 승무원들은 익숙한 듯 이렇게 답한다. "네, 불편하셨겠습니다. 안내방송을 하도록 하겠습니다." 그 소리를 '뒷좌석의 그 사람'이 들었는지 말았는지 모르겠지만 대부분 휴대전화 사용으로 인한 소음은 더 이상 듣지 못했던 걸로 기억한다.

혹시 나의 해법을 두고 '소음 유발자'인 '뒷좌석의 그 인간'에게 직접 말을 하면 되지 관계없는—사실 관계가 없는 건 아니지 않은가!—승무원에게 '고자질' 하느냐고 하는 사람이 있다면 이제 나는 웃으며 대답할 수 있다.

"누군가와의 거리를 적절하게 두면서도 서로의 선을 넘지 않는 꽤 괜찮은 해법이라고 생각합니다만…"

나에게는 편안히 목적지로 이동할 최소한의 권리가 있다. 그것을 방해하는 사람이 있다고 해서 그와 직접 투쟁하여 내 권리를 쟁취할 의무는 없다. 괜한 다툼이나 오해가 일어나기 십상이기에 객실을 쾌적하고 조용하게 유지시켜야 하는 승무원에게 부탁하는 것이 옳다. 그게 나와 '뒷좌석 그 인간'의 거리를 건전하게 유지하는 최선의 방법이다. 물론 이마저도 하기 싫다면 어쩔 수 없다. 불편함을 참으면서 목적지까지 실려 갈 수밖에.

나는 앞으로도 누군가가 의도적으로, 혹은 의도하지 않았지만 그의 무지함으로 나의 영역을 침범할 때마다 당당히 맞설 것이다. 무작정의 투쟁이 아니라 적절한 방법으로 선을 넘어오는 사람에게 대항하는 방법을 활용할 것이다. 타인의 불합리한 소음이 압도적인 양으로 나의 집중력을 마비시키는 것에 무기력하게 당하고만 있지 않기 위해서다. 나의 쾌적할 권리를 침범한 타인의 무지한 행위를 그냥 눈 감고 참아주면서 고통을 고스란히 받을 이유는 없다. 나에게는 나의 영역을 지킬 권리가 있다.

나는 이제
제대로
용감해지고
있다

독서 모임에서 알게 된 한 친구가—입사 2년 차며 여성이다—나에게 하소연을 했다.

화이트데이였다. 퇴근 후 남자 친구를 만날 예정이었다. 출근하면서부터 사탕이 가득 담긴 남자 친구의 선물을 기대했다. 사무실에 도착하니, 아니 이럴 수가. 책상 위는 동료 직원들이 하나둘 놓은 사탕 봉지, 사탕 가방, 사탕 바구니로 가득했다. 한곳에 트로피처럼 몰아넣고 일을 시작했다. 이렇게 나를 생각해주시는구나!' 고마웠다. '점심시간이 끝났다. 점심을 먹고 돌아와 보니 누군가 또 올려놓은 사탕들로 책상이 꽉 찼다. '좋은 분들이다'라는 생각을 다시 했다. 하지만 곧 평화는 깨졌다. 마침 식사를 끝내고 느지막하게 사무실로 들어오던 과장이 책상 위 사탕들을 보더니 농담처럼 한, 말 한마디 때문이었다.

"이야, 꽉 찼네. 근데 왜 남자 친구가 없어?"

기분이 나빠졌다. '자기가 뭔데, 내가 남자 친구가 있는지 없는지 지레짐작하는 거야?'라는 생각에 기분이 상했다. '잘 알지도 못하면서' 누군가의 사생활을 함부로 말하는 과장의 말이 역겨웠다. "글쎄 말이에요"라고 억지 미소를 지으며 말하긴 했지만 영 기분이 찜찜했다. 이런 상황, 직장을 다니는 사람이라면 그리 낯설지는 않을 것 같다. 상사라는 이유 하나만으로 상대방에게 아무런 예의도 갖추지 못한 말을 하는 것까지 일일이 받아줘야 하는 걸까. 더럽고 치사해도 무작정 참아야만 하는 걸까. 억울하다.

나는 이렇게 대답해줬다. "철저하게 거리를 둘 수밖에 없어. 냉정하고 차분하게, 자기 사적인 일에 대해서는 말하지 않으면서 말이야. '왜 남자 친구가 아직도 없어?'라는 시시한 농담을 받게 되면 어색하게 무표정한 표정을 지으며 '네'라고 냉소를 보내버려. 그리고 끝내. 얼른 끝내버려." 이 말을 듣던 그 친구, "세상이 어디 그리 호락호락한가요. 잠깐 제 말 좀 더 들어보세요"라며 말을 잇는다.

사탕을 챙기고 있는데 과장이 "민희 씨, 어느 게 가장 맘에 들어?"라고 물어본다. 별로 할 말이 없어서 "네, 모두 감사하죠"라고 말했다. "아니, 그중에서도 가장 마음에 드는 게 뭐야"라며 재차 묻는 것을 듣는 것조차 짜증스러웠다. 아무 말 안 하고 그냥 있는 데 기어코 한마디를 덧붙인다. "가장 마음에 드는 사탕, 그게 바로 내가 사준 거다. 알았지?" 소름이 끼쳤다. 물론 직장 생활이라는 게 서로 편한 관계를 맺을 때 더 좋긴 하다. 하지만 이렇듯 무분별하게 나와의 거리를 줄이는 사람은 너무하지 않은가.

타인과의 거리를 엉망으로 만드는 이런 말을 왜 하는 걸까. 이걸 유머라고 하는 걸까. 배우이자 영화감독인 '우디 앨런Woody Allen'은 말했다. "신은 말이 없다. 그러니 제발 사람만 입 다물면 좋겠다." 우디 앨런이 말한 '제발 입 다물면 좋을 사람'이 바로 그 남자 아니었을까. 좋은 관계를 맺으려고 노력하는 건 옳다. 그게 '노~오~력'이어야 한다고 해도 나는 할 건 하는 게 정상이라고 생각한다. 하지만 그건 내가 상대방에 대해 인정하는 만큼 상대방도 나에 대해 철저하게 인정하는 것을 전제로 한다. 그래야 정상적인 관계다.

누군가의 말 같지 않은 말까지 온몸으로 받아내고만 있는 삶은 너무나 불쌍하다. 타인의 말과 행동으로부터 당신의 거리가 침범받고 있다면 당신이 견딜 수 있는 수준을 체크해보는 것을 게을리하지 말자. 그러다 더 이상 참아낼 수 없다면, 참아낼 수 없는 게 아픈 상처로 남아 소중한 자신의 시간을 갉아먹고 있다면, 상대와 거리를 두도록 하자. 그건 꽤 괜찮은 나, 그리고 당신을 위해 행하는 아름다운 선택이다. 자기 욕망을 타인의 욕망과 혼동하는 사람, 즉 자기가 바라는 모든 걸 타인 역시 바란다고 생각하는 사람이 당신의 가까운 곳에 있다면, 그에게 적절하게 얘기를 해주든지 아니면 헤어지든지 둘 중의 한 가지 방법을 사용해야 한다.

겉보기엔 멀쩡한 사람들 중에서도 영역, 경계, 거리에 대한 무지함을 드러내는 사람이 꽤 많다. '관계의 거리'를 배우지 못했기 때문이다. 아들의 휴대폰을 동의 없이 가져와서는 문자메시지를 확인하는 엄마, 친근감을 표현한다고 여자 대리의 어깨를 감싸는 남자 부장, 집 부근에서는 만나기 싫다는 여자 친구의 이야기를 한 귀로 흘려듣고는 무작정 찾아오는 남자, 나와 찍은 사진을 별다른 얘기도 없이 자신의 페이스북에 올리고 '얘랑 밤새워 술을 마셨다'고 멘트를 올리는 직장 동료 등이 바로 그들이다. 그들은 인간관계에 있어 필요한 거리 감각에 대해 배우지 못한 '거리 감각 무능력자'다.

학교에서건 직장에서건 '거리 존중 교육'이 언젠가는 일상적으로 행해졌으면 좋겠다. 성공하면—소위 '갑'이 되면, 내가 힘이 세면, 상위 직급자면—남들과의 거리 '따위'는 무시해도 된다고 생각하는 문화가 퍼져 있는 사회는 그 자체로 안타깝다. 거리를 조절할 줄 모르는 사람들로 인해 몸과 마음에 상처를 받은 채 사회적 관계에서 이탈하여 방황하는 사람들을 보면 가슴이 아프다. 그래도 다행인 건 이렇게 거리 감각을 상실한 채 '막말'과 '막행'을 일삼던 사람들이 하나둘 세상에 밝혀지고 그래서 조심스럽게 행동하는 사람들이 많아지고 있다는 점이다. 막말과 막행에 적극적으로 대처하는 용기를 갖는 사람들도 많아졌다. 바람직한 현상이다.

예전엔 "뭐 이런 것 갖고 그래?", "야, 농담이야. 그걸 갖고 화를 내냐?", "쪼잔하게, 그냥 잊어버려", "네가 참아. 그냥 좋게 넘어가"라고 말하면서 자신의 잘못을 아무것도 아닌 것처럼 넘기는 사람들이 많았다. 이렇게 말하는 사람들의 우격다짐에 대해 '맞아. 내가 잘못한 게 있을 거야'라고 생각하면서 오히려 스스로 '자신의 속 좁음'을 탓하며 말을 삼갔던 경우도 꽤 됐다. 이젠 세상이 바뀌었다. 용기 있는 우리 모두는 이제 아래처럼 말을 받아칠 수 있다.

"이런 걸 갖고 그러지 않으면 뭘 갖고 그래?"

"너한텐 농담이지만 나한텐 진담으로 들려. 판단은 내가 하는 거 아니야?"

"난 이런 거 보면 참을 수 없는 사람이야, 몰랐어?"

행복하고 자유로운 방식으로 삶을 살아가는 적절한 해법이 있다면 그건 적극적으로 활용하는 게 맞다. 그래서 나는 이제 나를 존중해주는 사람을 존중할 뿐, 나를 존중하지 않는 사람과는 어울리지 않으려 한다. 나는 이제 제대로 용감해지고 있다.

3장

(거리 두기 대화 전 알아두면 좋을 것들)

어설픈
배려보다는
충분한 거리를

〈원더〉라는 영화를 봤다. 남들과 다른 외모로 태어난 주인공 '어기'는 얼굴을 감추며 살아간다. 열 살이 된 아들에게 더 큰 세상을 보여주고 싶었던 엄마 '이사벨'과 아빠 '네이트'는 '어기'를 학교에 보낸다. 가족만이 세상의 전부였던 '어기'는 그렇게 낯선 세상에 용감하게 첫발을 내딛는다. 하지만… 이하 생략한다. 결론이 뻔한 해피엔딩의 가족영화다. 이 영화에서 엄청난 감동을 받았다고 말하진 않겠다. 하지만 영화가 끝나고 마음 한구석에 그리 만만하지 않은 무언가가 남았다. 특히 영화의 마지막 장면, 주인공 '어기'가 학교에서 상을 받고 연설하는 장면의 대사는 아름다웠다.

우리는 인생을 살면서 한 번쯤은

박수를 받을 자격이 있어요.

제 친구들도, 선생님들도,

늘 내 옆에 있어준 우리 누나도, 항상 저를 웃게 만드시는 아빠도요.

특히 저를 포기하지 않는 우리 엄마도 말이죠.

학교 선생님이 하신 말씀이 생각나요.

'힘겨운 싸움을 하는 모두에게 친절해라. 그가 어떤 사람인지 알고

싶다면, 그저 바라보면 된다.'

어렵게 세상 밖으로 나왔던 주인공 '어기'가 결국 세상의 박수
를 받게 된 데에는 자신을 바라봐 주는 누군가의 따뜻한 시선이
있었다. 세상을 좋게 만드는 건 자기에게 필요한 것을 얻겠다고 선
불리 상대방의 영역을 침범하는 폭력적 집착이 아니다. 그 누군
가를 있는 그대로 바라보고 인내하며 기다리는 사람들이야말로
인간관계의 적절한 거리를 창조하는 사람들이며 아름다운 세상
을 만드는 설계자들이다.

영화의 대사 속에 있는 '바라본다'는 말은 '거리를 두고 지켜본
다'는 뜻이다. 이때 '지켜본다'란 시도 때도 없이 시선을 주는 게
아니다. '제대로 된 바라봄'이란 시선을 줄 때 주고 시선을 거둘 때
거두는 것이 적절할 때 완성된다. 독서 모임에서 함께 이야기를

나누던 한 선생님으로부터 들은 얘기다. 어릴 적부터 한쪽 다리가 불편했던 그는 성인이 된 지금까지도 목발이 필요하다. 언젠가 그가 담담하게 자신의 이야기를 털어놨다.

"초등학교 3학년 때였어요. 더운 날이었죠. 목발을 이용하면서 지하철 계단을 올라가고 있었어요. 누군가 한쪽 손에 들고 있었던 제 신발 가방을 툭 잡아채더라고요. 깜짝 놀랐어요. 신발 가방을 채어간 사람은 한 아주머니셨어요. 올라가다 말고 뒤로 돌아 제 얼굴을 보더군요. 그리고 '쯧쯧' 하며 혀를 찼고요. 그러더니 말씀하셨어요. '아휴, 불쌍해라. 아줌마가 도와줄게!'"

계단을 오르다 말고 멍하니 서서 그 아주머니를 바라봤단다. 눈물이 나고 화가 났다고 했다. 그 계단을 어떻게 올랐는지 모를 정도로 '모멸감'에 휩싸였었다고 회고했다.

"성인이 된 지금도 여전히 그런 시선은 불편해요. 나이도 먹을 만큼 먹었고 그런 일 역시 겪을 만큼 겪었지만 말이에요. 누군가로부터의 갑작스러운 동정의 말과 시선은 여전히 받아들이기 힘듭니다. 하지만 어릴 때와 달라진 게 있다면 이제는 그런 일방적인 동정을 적극적으로 거부한다는 겁니다."

나이가 오십이 넘은 지금도 지하철에 앉아 있을 때 건너편에 있던 누군가가 자신의 목발과 다리를 빤히 쳐다보는 것은 여전히 불편하다고 했다. 값싼 동정이 섞인 그런 시선은 폭력일 뿐이라고 강조했다. 이제는 그런 시선에 그냥 고개를 숙이고만 있지 않고 이렇게 말해준단다.

"뭘 그렇게 빤히 보세요? 뭐가 이상한가요?"

이제 그는 상대방의 불필요한 관심으로부터 벗어날 줄 안다. 자신의 영역을 지키는 일에 두려워하지 않는다. '회피'를 선택하는 대신 잘못된 상황을 만들어낸 상대방이 도망치게 만드는 '직진' 방법을 선택했다. 멋있다. 상대방의 몸이 불편하다고 해서, 자신의 몸은 멀쩡하다고 해서 상대의 아픈 곳을 동정 반, 비웃음 반으로 쳐다볼, 아니 꼬나볼 권리를 가진 사람은 이 세상에 단 한 명도 없다. 다리가 불편한 장애인의 휠체어를 '도와드리고 싶은데 괜찮으시냐'는 양해의 말도 없이 무턱대고 밀어주는 사람들, 뇌기능 장애로 말이 서투른 언어장애인의 어눌한 말을 중간에 끊고 '지금 ~하다는 얘기지?'라고 공감하는 듯 되묻는 사람들은 그렇잖아도 힘든 그들에게 참담함을 안겨주는 폭력범이 될 수 있다는 걸 꼭 기억할 필요가 있다.

사실 그의 말을 들으면서 가슴이 뜨끔했다. 나 역시 어린아이가 목발을 짚고 지하철 계단을 힘겹게 올라간다면 가방을 휙 낚아채고 의기양양하게 "이 아저씨가 도와줄게"라고 말했을 것이기 때문이다. 나 역시 상대방의 마음 따위는 조금도 생각하지 않은 채 함부로 말을 내뱉는 철부지였던 셈이다. 그래도 뭔가 해결되지 않은 느낌이었다. 그래서 물어봤다. "어린아이가 그렇게 힘들게 가고 있는데 뭔가 도와줘야 하는 건 아닌가요. 어떻게 행동하는 게 맞는 건가요?" 그는 이렇게 대답했다.

"저처럼 일상에서 시선의 괴롭힘을 당하고 있는 사람들에겐 조금 조심스럽게 대해주셨으면 좋겠어요. 그냥 지나칠 수가 없다면 '혹시 도와드릴 게 없을까요?'라고 조심스레 묻고 다가서는 것이 괜찮습니다. 기억하실 것은 도움을 받는 사람의 자기결정권을 인정하는 게 우선임을 알아차리는 겁니다."

도와주고 싶다면 정중하게, 하지만 조심스럽게 물어보는 행동, 바로 그것이 우리에게 필요하다는 말이었다. 이를 무시하는 '존중부재'의 말들은 활동이 어려운 사람들이 점점 자신을 세상에 내보이는 것을 꺼리게 만든다고 했다. 그런 세상은, 그들뿐만이 아니라 나와 당신 모두가 살 만한 곳은 아니라는 생각이 들었다. 어설픈 배려를 하는 것보다는 아예 충분하게 거리를 두는 것이 세상의 모든 약자를 진정으로 돕는 일이다.

우리에겐 적절한 거리를 두는 능력이 필요하다. 그건 사회를 살아가는 구성원으로서 갖춰야 할 품격이다. 상대가 어린애건, 약자건, 소수자건, 장애인이건, 빈자貧者건 관계없이 나의 손길이 필요한지 아닌지를 잘 따지고 나서야 비로소 상대에게 다가설 수 있다. 또 그만큼 조심스럽게 나와 상대방의 거리를 적절하게 유지하면서 더 좋은 관계를 만들어낼 수 있다.

대화에서
절대 쓰면 안 되는
'당신'이라는 호칭

누군가를 부를 때의 호칭은 알듯 말듯 어렵다. 호칭 하나만으로 도 상대방과의 거리를 잘 조절할 수도, 실패할 수도 있다. 호칭은 대화의 분위기를 이끌며 관계의 거리를 결정한다.

내가 재직 중인 회사의 얘기다. 우리 회사는 사내에서 서로를 부를 때 직급을 빼고 이름 뒤에 '님'자를 붙인다. '홍길동 이사님' 이 아니라 '홍길동 님'으로 부르는 거다. 직급이 없는 사람은? 예 를 들어 신입 사원인 강감찬 씨가 있다. 이때 누군가가 '신입 사원 강감찬 씨'라고 부르면 안 된다. '신입 강감찬 님'이다. '사원'이라는 것을 드러내는 말도 철저히 배제하도록 회사에서 지침을 내렸다.

솔직히 처음엔 어색했다. 특히 나보다 직급이 높은 사람의 이름에 '님'자를 붙이는 건 어색함을 넘어서 괴로울 정도였다. 어제까지 '전무님'이라고 부르던 분을 어떻게 '김유신 님'이라고 부를 수 있단 말인가. 다른 사람들도 마찬가지였던 거 같다. 약간의 시간이 흘렀다. 다행히 이름 뒤에 '님'을 붙이는 게 익숙해졌다. 어떻게 보면 사소한 변화로 조직 내 말의 흐름이 달라진 것을 느꼈다. 윗사람이 아랫사람에게 '길동아!'라고 부르는 것은 대화의 분위기는 물론 내용마저 지배하는 것이었음을 알게 됐다.

가장 중요한 변화는 서로의 거리가 적절히 유지되는 문화가 정착되었다는 거다. 쓸데없이 가깝지도 않고, 그렇다고 지나치게 멀지도 않은, 서로를 존중하는 말의 흐름이 조직 문화를 건강하게 만들었다. 호칭 하나로 조직의 대화 장면이 아름다워질 수 있다는 사실이 신기하게 느껴졌다. 나의 신입 사원 시절을 생각해본다. 그때 호칭의 목적은 '커뮤니케이션의 원활화'가 아닌 '나와 너의 다른 지위를 부각시키는 것'이 아니었나 싶다.

내가 신입 사원 때의 일이다. 당시 모시던 팀장님은 참 괜찮은 분이셨다. 알고 있는 것도 많으셨고, 책임질 줄도 아는 분이셨다. 하지만 그분은 "당신, 오늘 사업 부서와 회의 있다고 했지?", "당신, 저녁에 약속 있나?"처럼 말의 시작에 '당신'이란 단어를 붙이는 경우가 종종 있었다. 듣기에 거북했다. 평소에는 '범준 씨', '김범준 씨' 아니면 '김범준'으로 부르던 팀장님이었는데 가끔 얼굴에 정색을 하면서 '당신'이라고 말할 땐 거리감이 확 느껴졌다.

생각해보면 이상하다. 원래 '당신'이라는 말은 높임말 아니던가. 당신이란 단어는 "당신, 새로운 직장에 적응하느라 힘드시죠?"와 같이 부부 사이에서 상대편을 높이는 말로 사용되거나 "당신의 아름다웠던 삶을 잊지 않겠습니다"처럼 문어체에서 상대편을 높여 부르는 방법으로 사용된다. 그런데 언제부터 '당신'이란 말의 뉘앙스가 '맞서 싸울 때 상대편을 낮잡아 이르는 뜻'으로 변해버린 것일까. 거기에 더해 '당신'이란 말 뒤에 상대방을 비난하는 말을 붙임으로써 대화의 분위기를 최악의 경우로 만드는 경우도 허다하다. 아래처럼.

"당신, 이게 최선이야?"
"당신이 뭔데 참견이야."

호칭은 중요하다. 나를 '김범준 님'으로 부르는 사람에겐 왠지 귀를 기울여야 할 것 같은 편안한 거리감이 든다. 대신 '당신'이라고 나를 부르는 사람에겐 왠지 한바탕 붙고 싶거나 아예 거리를 멀리하고 싶어진다. 물론 개인적으로 응용할 수도 있을 것 같다. 누군가와 '거리 두기'가 필요한 경우에, '당신'이라는 말을 사용함으로써 거리를 떼어버리는 것이다. 살다 보면 누군가와 적절한 거리를 두어야 할 때도 있으니 알아두는 건 나쁘지 않을 수도 있겠다. 하지만 '당신'이라는 말로 인해 그 사람과의 인연이 끊어질 수도 있으니 물론 조심스럽게 사용해야 한다.

관계의 거리를 잘 두기 위한 말하기에 대해서 하나만 더 살펴보도록 하자. 직장에서 직급은 같지만 나이가 나보다 어린 사람이 있다. 이럴 땐 어떻게 말을 하는 것이 옳을까. 내가 더 나이가 많으니 그를 낮춰 불러도 될까. 아니다. 애매할 땐 무조건 높여 부르는 게 속된 말로 '안전빵'이다. 나이가 많다면 많은 대로, 적으면 적은 대로 인정하되, 대화의 순간엔 무조건 높여 말하는 게 정답이다. 내가 김 부장이고 상대방은 다른 부서의 김 대리라고 해보자. 이때에도 그동안 사적인 관계가 특별히 없었다면 무조건 높인다는 말이다.

"그건 김 대리의 생각이지?" (X)
"그건 김 대리님이 생각하신 거죠?" (O)

이미 잘 알고 있는 관계라면? 그때는 반말을 하든, 때리든, 놀리든 당신이 알아서 할 일이다.

상대방이 말한
"네"의 의미를
알아차리는
현명함

관계의 거리를 침해하는 유형은 다양하다. 아들의 휴대전화를 말도 없이 가져와서 마음대로 보는 부모물리적 침해, 격려해준답시고 어깨를 감싸며 입 냄새를 풍기는 상사신체적 침해, 말하고 싶지 않은데 굳이 나이를 말하라며 다그치는 잘 모르는 누군가정서적 침해, 나의 사진을 자신의 SNS에 허락받지 않고 올리는 친구사생활 침해 등이 그것이다.

특히 정서적혹은 언어적 침해가 문제다. 위계질서가 있는 공간에선 더욱 그렇다. 상사라는 이유로 "연애 상대가 있느냐", "주말에 뭐하느냐"라는 질문을 수시로 하거나 부하가 일하는 책상에 갑자기 고개를 들이미는 것 등이 그러하다. 그동안은 이런 일이 벌어져도 부하는 '불쾌하다'고 항변할 수 없었다. 생각하고 싶지 않지만 실제로 횡행했던 과거 우리 조직문화의 왜곡된 모습이었다. 최근 들어 많이 사라지긴 했지만 여전히 '상하관계'라는 틀은 수용하기에 만만치 않은 프레임이다. 그러다 보니 서로가 생각하는 언어에 대한 개념이 어긋나는 경우가 꽤 된다. 이와 관련하여 재미있는 기사를 봤다.

직장인들이 '틱'처럼 하는 말버릇—글버릇?—이 있는데 바로 '넵'이란다. 회사 업무의 소통이 '네이트온', '카카오톡' 등에서 이루어지면서 생긴 '신종 질병의 하나'로 정확히 표현할 수 없는 자신의 마음을, '네'라는 단어를 통해서 드러내는 것이다. '네'의 형태를 살짝 바꾸던지, 아니면 '네' 앞뒤에 느낌표 등을 적절히 붙여 나타낸다. 예를 들어 직장 상사가 카카오톡 단톡방에 '내일까지 ~을 완료하시기 바랍니다'라고 지시했다고 해보자. 이에 답하는 부하들의 '네'를 살펴보자. '네'가 생각보다 다양하게 변형되고 있고 그 의미도 재밌다.

"네"

【숨은 뜻】 선뜻 응하는 건 아니지만 일단 하라고 하니 하긴 해보겠음.

"네…"

【숨은 뜻】 '꼭 해야 하나?'라는 귀찮음의 뜻이 포함됨.

"네?"

【숨은 뜻】 대놓고 무시하는 것으로 '이게 뭐하는 짓이니?'라며 말해
주고 싶음.

"넹"

【숨은 뜻】 일단 대답하고 보는 것임. 지시한 것은 지금은 아니고 좀
이따가 상황 보면서 할 예정임.

"넵!"

【숨은 뜻】 하겠음(혹은 알았음).

"넵!!!"

【숨은 뜻】 앗, 뜨거! 지금 바로 하겠음!

_〈중앙일보〉, 2017. 11. 11.

세상 약자들이 나름대로 생존을 위해 사용하는 표현법이다. 윗
사람의 말을 성실하게 따르기는 하지만 실제로 자신이 하고 싶은

일은 아니기에 고민하고 방황하는 직장인의 모습을 보는 것만 같아 안쓰럽다.

더 큰 문제는 부하 직원의 다양한 표현을 상사가 잘 '캐치catch' 하지 못하는 것에서 시작된다. 예를 들어 부하 직원이 '네…'라고 대답을 했다면 상사는 자신이 지시한 업무의 필요성과 방법을 직원에게 친절히 설명할 의무가 생긴다. 그런데 이를 알아차리지 못하고 하루 이틀 지나서는 "왜 아직도 안 하고 있는 거야?"라고 화만 버럭버럭 낸다면 부하와의 거리를 가깝게 하는 건 어려운 일이다.

나를 되돌아봤다. 이렇게 열심히 말하고 있는 나 역시 그동안 누군가의 '네'를 잘 알아듣지 못하고 있었던 것은 아닐까. 카카오톡 혹은 문자메시지로 아내와 아이들과 커뮤니케이션할 때 그들로부터 내가 가장 많이 듣는 대답을 찾아봤다. 그랬더니….

아내: ㅇㅋ

아이들: ㅇㅇ

나는 이걸 그동안 어떻게 해석하고 있었나? 갑자기 부끄러움이 몰려온다. 나 역시 아내와 아이들이 억지로 표현하는 긍정 표현ㅇㅋ, ㅇㅇ을 별다른 생각 없이 적극적이며 능동적인 긍정이라고 잘못 해석하고 있었다. 부끄럽고 또 창피하다. 거리에 대한 민감성이 없는 상태로 아내와 아이들과 대화하려는 나는 우월한, 어쩌면 보잘것없는 위치─가장이라는, 아빠라는─를 이용하여 '관계적 폭력'을 행사하고 있는 사람이었던 거였다. 아내와 아이들의 '네'가 부정적이고 소극적이며 회피적인 의미임에도 불구하고 '알아들었군. 잘하겠지?'라고 생각하던 나의 거리 감각은 낙제점 수준이었던 거다. 일단 나부터 '진심으로' 반성하기로 했다.

누군가를
만나기 전
세심히
신경 쓸 것

썩은 냄새가 나는 말은 하지 말아야 한다. 어디 말의 내용, 말의 의미만일까. 나의 입 그 자체에서도 썩은 냄새가 진동할 수 있다. 한 무리의 남자가 있다. 나이는 모두 사십 대 중반. 오랜만에 만난 동창들이다. 남자 십여 명이 모였으니 일단 할 건 고깃집에 가서 삼겹살에 목살, 그리고 소주와 맥주를 먹고 마시는 일이다. 한 사람도 예외 없이 흡연을 하는 사람들이었기에 술과 고기를 마시고 먹는 중간마다 밖으로 나와 담배를 입에 물고 남은 이야기를 이어 갔다. 꽤 많은 시간이 흘렀고 그냥 헤어지기 아쉬운 마음에 식당에서 주는 봉지 커피 한 잔을 마시면서 노래방으로 갔다. 한 명씩 노래를 부르고 나니 금방 집에 갈 시간이다. 모두 마이크가 있는 앞쪽으로 나와서 어깨동무를 한다. 마지막 노래는 노사연의 〈만남〉이 제격이다. "우리 만남은 우연이 아니야" 그런데… 이게 무슨 냄새지?

한 명이 속으로 퀴퀴하면서도 구린 이상한 냄새에 인상을 찡그린다. 어깨동무를 하고 있는 철수의 입에서 나는 것 같다. 자신을 바라보는 영구를 보는 철수, 그렇잖아도 이상한 냄새에 영구를 의심했는데 알고 보니 영구 이놈이 범인이었나 하는 의심을 한다. 나머지 친구들 역시 마찬가지였다. 서로 옆 사람의 입을 의심하면서 퀴퀴하고 지저분한 냄새에 불쾌감만 가득한 채로 노래방을 나서 집으로 향한다. 자신의 입에서 나는 냄새가 어떤지는 전혀 모른 채.

누군가와 최소한의 거리라도 유지하고 싶다면 말의 내용에 대한 준비 이상으로 말을 하기 위한 형식적 준비도 필요하다. 내가 말하는 동안 상대방이 어떤 냄새를 맡게 하고 있는 건 아닌지, 자신의 입 냄새 정도는 스스로 챙기는 게 맞다. 삼겹살에, 목살에, 소주에, 맥주에, 담배까지 즐긴 후 눅눅한 봉지 커피로 마무리한 입에서 나는 구린내를 반길 사람은 없다. 대화를 하는데 이상하게 사람들이 자신의 옆에 서지 않으려는 것 같다면 '내 말이 이상한가?'를 고민하기 전에 '내 입 냄새는 괜찮은가?'를 생각하는 게 맞다.

커뮤니케이션의 전달 과정을 연구한 한 학자에 의하면 말하는 사람은 자신의 의사를 50% 정도만 표현하고 듣는 사람은 말하는 사람의 의사 중 30%만 이해한단다. 결국 듣는 사람은 말하는 사람의 의도 중 고작 15%에 대해서만 이해를 하는 셈이니 말하는 사람이 열 가지를 말해도 듣는 사람은 간신히 하나나 두 개 정도만 알아듣는다는 것이다. 그런데 말하는 사람으로부터 불쾌한 입 냄새까지 맡아야 하는 상황이 된다면 아마 다시는 절대 그런 사람과 대화하고 싶지 않을 테다. 멀리 거리를 두고 싶을 것이고.

최소한의 관계 거리를 유지하고자 한다면 나름대로 준비된 나만의 연출이 준비돼 있어야 한다. 입이 텁텁하다면 '가글'도 열심히 하고, 점심시간에 먹은 고등어구이로 몸에서 나는 비릿한 냄새가 느껴진다면 적당한 냄새 제거제라도 옷깃에 슬쩍 뿌려둬야 한다. 책상 위에 놔두어야 할 것은 스테이플러, 볼펜, 노트, 머그잔뿐만이 아니다. '입 냄새 제거용 가글'과 '몸 냄새 제거용 코롱'도 꼭 놔둘 것! 이건 누군가와의 거리를 최소한 유지라도 하고 싶다면 당연히 준비해야 할 일종의 예의다. 비슷한 사례를 하나 더 보자.

당신이 친구와 함께 헬스클럽에 등록했다. 퇴근 후여서 그런지 사람들이 가득하다. 당신의 몸무게에 적당한 바벨을 들고 15회를 3세트 진행한다. 마음이 상쾌하다. 이제 친구가 할 차례. 바벨을 제자리에 잘 놓는다. 당신은 윗몸일으키기를 하러 이동한다. 여기서 잠깐, 뭔가 문제를 발견했는가. 바로 친구가 들어야 할 바벨 손잡이에 흥건히 고인 당신의 땀이 문제다. 당신 친구는 아마 그 순간, 아무런 불평도 없이 그 바벨을 잡을지도 모른다. 하지만 친구는 점점 당신과 함께 헬스클럽에서 운동하지 않으려 할 테다. 영문도 모르는 당신은 '왜 오늘 바빠?'라는 헛소리를 할 것이고.

당신은 그 친구를 좋아하고 또 사랑한다. 하지만 그 사랑은 당신이 최소한의 예의를 지켰을 때에만 함께 키워나갈 수 있다. 거리 두기의 기본적 예의를 모른다면, 결국 남는 건 상처뿐이다. 혹시 오늘 그가 당신이 무엇인가 말하려고 다가설 때 물러선다면, 식사할 때 상대방이 자신의 식판을 점점 자기 몸 쪽으로 끌어당기고 있다면, 별다른 일도 없이 친구가 함께 헬스클럽에 가기를 주저한다면, 일단 속으로 '아차'부터 외칠 일이다. 당신의 입에서 나는 냄새 때문에 피하는 건 아닌지, 지난번 점심시간 때 당신의 입에서 튀어나온 밥알 하나가 상대방의 반찬 쪽을 향했던 건 아닌지, 손에서 줄줄 흘러대는 땀이 사랑하는 내 친구가 기다리는 바벨을 흥건하게 적시고 있었던 것은 아닌지 반성할 일이다.

우리의 관계는 건강한가. 사랑하는 누군가와 잘 지내고 있는가.

적당한 거리를 두며 편안한 관계를 유지하고 있는가. '사랑은 질려서 죽는다'는 말이 있다. 혹시 '지금의 거리가 그대로 유지될 것'이라는 안이함으로 상대방을 괴롭히고 있는 건 아닌가. 사랑이라는 이름으로 질려 죽게 만들고 있는 건 아닌가. 사실 거리는 좁히고 떼고 하는 것 이상으로 유지하는 것 그 자체도 어렵다. 거리 유지는 '아무것도 하지 않음'이라고 착각하기 때문이다. 거리 유지는 '하지 않음'이 아닌 '적극적인 함'이다. 나의 말과 행동이 수반되어야 하는 만만치 않은 과정이다. 그것도 아주 세심하게 고려되어야 하는 프로세스다. 식사할 때 밥알 튕기지 않기, 점심 먹고 가글이라도 꼭 한 번 하기, 땀으로 범벅된 바벨을 다음 사람을 위해 마른 수건으로 닦아내는 배려 등. 자신의 작은 몸짓 하나, 흘려보내는 말 하나에도 주의를 집중해야 하는 이유다.

높은 자리에
있을수록 필요한
세 가지 Up

누군가와의 거리를 잘 유지하기 위해선 침묵할 줄 알아야 한다. 당연한 일임에도 불구하고 소통에 있어 '침묵'이라는 주제가 계속 언급되는 이유는 그만큼 침묵하기가 힘들다는 것의 반증이다. 가끔 갓 신입 사원이 된 사람들 또는 중간관리자 이상, 임원 및 CEO를 모시고 커뮤니케이션에 관한 강연을 하게 되는데 그때 꼭 하는 말이 있다. 더 높은 자리에 올라갈수록, 더 나이 들수록 기억해두면 좋은 세 가지 'Up'이 있다고 말이다.

"우선 Dress-Up 하셔야 합니다. 옷을 잘 입으셔야죠. 모범이 되어야 할 분들이니까 당연한 겁니다. 단, 옷을 입는다는 것에는 피부 관리, 냄새 관리도 포함됩니다. 특히 담배 피우시는 분들은 자신의 몸에서, 그리고 입에서 나는 냄새에 각별히 주의하세요. 다음으로 Pay-Up입니다. 돈을 조금 더 내셔야 합니다. 요즘 젊은 친구들은 나이 든 사람과, 자신의 상급자와 식사하고 싶어 하질 않습니다. 그러니 똑같이 부대찌개를 먹었더라도 라면 사리 값 정도는 더 내겠다고 하세요."

이제 마지막 하나가 남았다.

"마지막으로, 이게 가장 중요합니다만, Shut-Up 하십시오. 입은 다물수록 좋습니다. 그게 대화를 이끌어내는 방법이에요."

옷을 잘 입는다는 의미에서의 Up, 돈을 조금이라도 더 낸다는 점에서의 Up은 알겠는데 왜 '입 다물라!'는 뜻에도 Up을 쓰는 걸까. 'Shut-Down'이 맞는 것 같은데. 하여간 말을 삼갈수록 상대방과의 거리를 좁힐 수 있다는 건 커뮤니케이션에 관한 한 진리다. 인상을 쓰면서 입을 굳게 다물고 있으라는 말이 아니다. 편안한 모습으로, 상대방의 말을 듣겠다는 의지를 먼저 보여주라는 말이다. 그때야 비로소 부하 직원들은, 어린 친구들은 상사 혹은 연장자에게 거리에 대한 부담감을 걷어내고 다가설 수 있다. 나를 바라보고 있는 후배, 자녀, 하급자들의 눈에서 지루함을 느꼈다면 문제는 그들에게 있는 게 아니라 말하는 당신에게 있을 뿐이다. 그러니 당장 지루하고 뻔한 당신의 말을 중단하고 상대의 말을 들어보겠다는 다짐을 해보는 게 어떨까.

　모든 것이 빠르게 움직이는 세상이다. 이런 세상에선 오히려 멈추고 있는 것이 나아가고 있는 것인지도 모른다. 볼 때는 멈춘 듯이 보이지만 상대방을 향해 꾸준히 앞으로 나아가고 있는 것이다. 침묵은 일종의 멈춤이다. 멈출 수 있을 때 오히려 관계의 거리가 가까워지는 것처럼, 침묵할 수 있을 때 대화가 시작된다. 그러니 말을 멈추도록 해보자. 소음으로 가득한 세상이지만 그 소음 속에서 목소리를 더 높이려고 애쓰기보다는 침묵으로 진짜 소리를 찾아내는 것이야말로 세상을 아름답게 하는 배려의 기술이다.

아무 때나
끼어들지
않는다

언젠가 나에게 '첫 만남에서 대화를 잘하는 궁극의 비법'에 관한 질문을 한 사람이 있었다. 나는 이렇게 답했다.

"심리 상담에 종사하시는 분들에게 들어보니 누군가가 문제를 들고 와서 상담을 하게 될 때 받는 비용이 한 시간에 10만 원 내외라는 말을 들었습니다. 비싸게 느껴지나요? 아닙니다. 만약 비싸다고 느껴진다면 오늘 저녁에 집에 가서 아내의 말, 남편의 말, 자녀의 말, 혹은 부모님의 말을 오로지 듣기만 해보세요. 아마 3분도 들어주기가 힘들 겁니다. 누군가를 처음 만난다면 무엇을 말하려고 애쓰기 전에 상대방의 말을 잘 들어보겠다고 노력해보세요. 그것만으로도 충분히 말을 잘하는 사람으로 인정받을 수 있을 테니까요."

이렇게 당당하게 말하긴 했지만 나는 사실 누군가의 말을 들어주는 것에 미숙하다. 실제로 내가 상대방의 말에 귀를 기울이지 않는다고 핀잔을 들은 적도 있다. 함께 와인을 공부하고, 글쓰기를 훈련했으며, 공동 저자로 단행본도 낸 후배와의 사이에서 있었던 얘기다. 그는 신촌에서 작은 음식점을 운영한다. 나는 가끔 이곳에 간다. 여기에서 감바스, 빠에야, 그리고 양갈비에 와인 한잔을 곁들이는 시간은 내 일상의 휴식 같은 순간이다. 내가 무엇인가를 해냈을 때, 아니면 심한 스트레스로 어쩔 줄 모르는 나를 발견할 때 내 마음을 잠시 놓아두는 쉼터이자 마음의 아지트로 활용하는 곳이다.

어느 날의 일이었다. 여러 테이블 속에서 혼자 양갈비에 와인을 즐기던 내 앞자리로 주인장인 그 후배가 턱하니 앉는다. 음식도 다 했겠다. 자기도 와인 한잔 달라는 거였다. 오케이, 그리고 이런 얘기, 저런 얘기를 하다 이 친구가 "말할까 말까 했는데, 그거 알아요? 가끔씩 느껴지는 거리감이 상당하다는 거 말이에요"라며 알 듯 모를 듯한 말을 툭 던졌다. '무슨 소리야?' 하는 생각에 "나 말이야?"라고 물어봤다. 이 친구하고는 그 누구보다도 편하게 이야기하고 또 예의에 어긋난 말과 행동을 하지 않았다고 생각했는데, 괜히 긴장됐다. 그 친구가 말을 이어갔다.

"함께 대화는 많이 나눴죠. 하지만 내가 얘기할 때, 마음속으로는 나름대로 중요하다고 생각하는 얘기를 꺼냈는데, 끝까지 듣지도 않고 말을 끊는 경우가 많아요. 그럴 때마다 거리감이 확 느껴져요. 무시당했다는 느낌에 마음도 상하고요."

부끄러웠다. 나의 말은 늘 이랬단다.

"끼어들어서 미안한데 잠깐만…"

"그래, 네 생각도 틀리진 않아. 하지만 내가 생각하기엔…"

"알아. 세상 사람들에게 물어봐. 세상 사람들도 다 나처럼 생각할걸?"

너무 미안해서 '나의 말 끊는 습관'을 고치겠다고 다짐했다. 그리고 도와달라고 했다.

"몰랐어. 말해줘서 고마워. 다음에 혹시 그런 경우가 생기면 나를 도와주는 셈 치고 손바닥을 펴서 나에게 보여줘. '이제 그만'하라는 표시로 말이야."

이후로 누군가와 말을 할 때 중간에 끊고 들어가는 나를 알아차리려고 노력한다. 또 그 과정에서 조금씩 상대의 말을 끊는 나의 잘못된 습관을 고치는 중이다. 누군가와의 거리를 좁히고 싶다면 대화의 상대방이 말하는 중간에 끼어선 곤란하다. '겐세이'를 하지 말아야 할 것은 국회의원만이 아니다. 일상에서 오늘도 누군가와 대화를 나누고 있는 우리와 같은 평범한 사람들 역시 조심할 필요가 있다.

직장 상사들에 대해 부하들이, 선생님들에 대해 학생들이, 존경하는 부모님에 대해 자녀들이 거리감을 느끼는 이유는 다른 게 아니다. 직위에서, 지식에서, 그리고 존재 자체로 힘을 가진 그들이 부하, 학생, 자녀의 말은 듣지도 않은 채 중간에 끼어들어 말하는 바로 그것 때문에 발생한 거였다. 일종의 '궁예질'이다. '상대방에 대해 정확한 근거도 없이 추측하고 판단하는 행위'란 뜻의 신조어인데 후고구려의 왕이었던 궁예가 갖고 있다던 '관심법觀心法', 즉 사람의 마음을 꿰뚫어 본다는 것을 비꼬는 말이다. 세상의 많은 리더들은 '궁예질'을 멈추지 않고는 왜 대화가 통하지 않는 걸까. 혹시 그들이 조금이라도 관계 개선에 대해 고민하고 있다면, 나는 그들에게 이렇게 말해주고 싶다.

"'궁예질'을 멈추고 침묵으로 시작하라. 침묵이 시작되면 소통이 시작된다."

진심으로 팔로워에게 인정받는 리더가 되고 싶다면 자신만의 영역 안에 그들을 잡아두지 않는 게 맞다. 언젠가 한 영화배우가 자신이 출연한 영화의 감독을 존경한다면서 "감독님은 '너의 세계 안에서 맘껏 역량을 발휘해봐!'라고 하는 대신 '너의 세계를 둘러싼 경계를 하나씩 넘어서면서 우리 함께 역량을 확장해보자!'라고 말씀하셨어요"라고 했다. 자신의 영역만을 고집하지 않는 바람직한 리더의 모습이 감독에게서 느껴졌다. 인간에 대한 이해의 폭을 넓히고 싶다면, 누군가와의 거리를 적절하게 유지하면서 관계를 더 좋은 방향으로 유도하고 싶다면, 상대방이 말할 때 함부로 끼어들지 말고 적절한 침묵을 유지하자.

강자일수록
상대와의 거리를
생각할 것

'헬스 체크health check'란 말이 있다. 의학 용어가 아니라 컴퓨터 혹은 통신 관련 언어다. '감시해야 할 대상이 정상 작동 상태인지를 확인하는 것이라는 의미다. 예를 들어, 웹 서버에 핑ping을 날려보고 다시 되돌아오는지 확인하거나 HTTP 응답이 있는지 등을 확인하는 작업이다. 이러한 작업들을 통하여 서버의 안정성을 주기적으로 확인한다. IT 용어이니 개념에 대해 자세하게 알 필요까지는 없다. 다만 '감시해야 할 대상이 정상 작동 상태인지를 확인하는 것이라는 의미는 받아들일 만하다. 거리 두기는 관계적 측면에서 일종의 '커뮤니케이션 헬스 체크'다. 일상의 대화 환경에서 끊임없이 상대방의 상태를 체크하려는 노력이 필요하다는 것이다. 이를 게을리하는 순간 대화의 상대방으로부터 '외면의 대상' 혹은 '회피의 대상'으로 찍히기 쉽다. 예를 하나 들어보자.

신입 사원이 되어 초기 직장 생활을 할 때 가장 어려운 자리 중의 하나는 윗사람들과의 식사 자리다. "맛있는 거 많이 시켜. 편하게 먹어"라고 윗사람은 말하지만 아무리 맛있는 음식이라도 말한번 잘못하면 직장 생활이 괴로워짐을 본능적으로 알기에 숟가락질 하나도 조심스럽다. 상사가 일장연설이라도 한번 시작하면 젓가락질을 멈출 수밖에 없다. 이런 식사 자리를 두고 이제 갓 신입 사원 딱지를 뗀, 20대 후반의 직장인이 나에게 하소연을 했다.

"제가 회사에 들어간 지 한두 달 될 때였을 거예요. 임원이 오셔서 함께 회식을 하던 날이었어요. 캐주얼한 분위기의 한정식집이었죠. 룸을 빌렸습니다. 10여 명 남짓이 모인 공간이었어요. 조용하고 잔잔했죠. 그때였어요. 소주를 몇 잔 마시던 임원께서 '팀에 신입이 있는데 분위기가 왜 이래? 신입이 좀 분위기를 띄워야 하는 거 아니야?'라고 말씀하셨어요. 그냥 그런가 보다 하고 일어나서 되지도 않는 유머도 하고 동기인 신입에게 장기자랑도 해보라고 했는데, 지금 생각하면 우스워요. 제가 이 회사에 분위기 띄우러 온 사람인가요?"

아마 그 임원은 '내가 신입 사원 때는 소주로 나발을 불고, 노

114

래방에 가면 넥타이를 이마에 동여매고 온갖 재롱을 다 부렸는데 뭐 이 정도야'라고 생각했을 수도 있다. 이런 리더가 과연 지금 대한민국에 여전히 존재할까. 존재한다면 이런 리더 밑에 있는 부하 직원들이 고객과 만나는 현장에서 고객의 민감성을 찾아낼 심리적 여유가 생길까 의심스럽다. 조직 내 인간관계의 거리에 대한 민감도는 결국 그 조직의 상품을 구매하는 고객과의 거리에 대한 민감도와 직결된다. 조직문화는 상품 혹은 서비스를 그대로 반영하기 때문이다.

무례한 리더가 버티고 있는 조직은 결국 구성원들이 '자기 파멸의 길', 아니 '자기 조직 파멸의 길'을 따르게 된다. 구성원은 자신의 존재감이 파괴되는 이러한 경험들 속에서 부정적이고 소극적이며 수동적인 '집단 지위'에 만족하게 된다. 집단 지위란 '집단이 필요로 하는 역할이 아니더라도 관계를 맺는 방식 때문에 집단에서 특정한 지위를 스스로 갖는 경향성'을 말하는 심리학적 용어다.

자신의 역할이 회사의 회식에서 부서 분위기나 띄우는 역할을 하는 것이 전부라는 경험이 계속된다고 해보자. 이런 경험이 쌓인 조직원은 마음의 상처를 받고, 무기력해지다가 결국엔 다른 사람들과 거리를 두며, 누군가의 판단의 대상이 되지 않으려고 애쓰는, 그래서 스스로 침묵해버리는 방어적인 구성원이 되어버린

다. 이런 조직에 건전한 소통이란 없다. 이런 기업의 성장이란? 불
가능하다.

리더인가? 강자인가? 힘이 센가? 나이가 많은가? 돈이 많은
가? 그렇다면 지금 당장 내 주변 사람과의 거리를 어떻게 설정하
는 게 맞는지, 고민해보자. 사물인 컴퓨터도 자신의 건전성과 안
정성을 끊임없이 체크한다고 하지 않았는가. 사물인 컴퓨터만도
못한 사람이 되고 싶은가. 관계의 건전성을 위해 주기적으로 상
대의 상황과 나의 말을 체크하는 건 우리 모두에게 부여된, 특히
'갑'의 위치에 있는 사람에게 부여된 무조건적인 의무다.

4장

나를 불편하게 하는 것들과 멀어지기

자랑을 막는 데는
한마디면 충분하다

고등학교 동창 모임에 나갔다.

불고기와 낙지볶음, 그리고 시원한 소맥은 십여 명 남짓 모인 우리들을 들뜨게 했다. 한 친구가 조금 늦게 왔다. "오랜만이야!"라며 악수를 하고 반겨주는 친구들에게 그는 이렇게 말을 시작했다. "내가 보통 바빠야 말이지. 이런 모임에 참석하는 게 도대체 몇 년 만인지 몰라. 자주 모인다면서? 이야, 너희들 한가하구나!" 어색해졌다. 떨떠름한 기분을 내려놓고 "술이나 마시자"며 분위기를 다시 되살리려는데, 이 친구, 말하는 것마다 자랑에서 시작해서 자랑으로 끝난다.

자기가 운영하는 사업체 자랑까지는 그렇다고 해두자. 지난달 바꾼 독일 뭔 차의 무슨 시리즈 이야기, '젊은' 아니 '어린' 아내의 미모에 대한 얘기, 갓 낳은 아들에게 명품 베이비 의류를 입혔다는 말 등 끝도 없는 돈 자랑, 집안 자랑, 차 자랑, 집 자랑에 머리가 아팠다. 도대체 친구들의 지겹다는 표정을 모르는 건지. 짜증이 났다. 이렇게 나의 시간을 보내고 싶진 않았다. 그래서 말했다.

"와우! 너 돈을 쓸어 담는구나! 부럽다! 오늘 이 자리에서 쏠 사람은 너밖에 없네? 잘 먹을게."

그 친구, 조용해졌다.

몇 년에 한 번 만날까 말까 하는 우리들이다. 그도 원하는 것이 있었겠지만—관심? 자랑?—나, 그리고 우리 역시 원하는 것이—우정! 사랑!—있었다. 친구란 고대 그리스에서는 '도움이 되는 사람'을 의미했다고 한다. 도움을 주기는커녕 자신이 어느 자리에 와 있는지 상황 파악도 잘 못하는 사람은 친구가 아니다. 그냥 불편한 사람일 뿐이다. 불편한 사람의 말을 그냥 듣고만 있는 건 우리의 소중한 시간을 위해서 할 짓이 아니다. 이럴 땐 말해도 된다. "불편하다!"라고.

나는 오랜만에 만난 친구들과 격의 없이 이야기를 나누고 싶었다. 세상의 모든 돈과 지위로부터 벗어나 인간다운 얘기를 나누고자 했다. 그 소중한 시간에 누군가의 일방적 자랑을 멍청하게 들어줄 '이유'도 없고, '여유'도 없다. 나의 영역을 침범해 듣기 싫은 말을 끝없이 펼쳐내는 사람에겐 돈을 달라고 해도—'듣기 싫은 이야기를 기꺼이 들어주는 값'—된다고 생각한다. 나는 언제부터인가 나의 장소와 나의 시간에서, 우리의 장소와 우리의 시간에서 헛된 말을 하며 자신의 이야기만 끝도 없이 하는 누군가를 보면 직설적으로 말해준다.

"축하해. 이건 네가 한턱내는 거지?
자랑하는 거 들어주느라 나 엄청 힘들다."
"와, 그랬구나! 멋지다! 2차는 네가 쏴야겠네?
오늘 마음 편하게 먹을게!"

내 인생의 본질적 가치에 충실하기 위해 나는 늘 뒤에 적은 이 말을 마음에 새기고 있다.
'나는 내게 불편한 말을 하는 사람과 거리를 둘 권리가 있다.'
'그깟 자랑 한마디 들어주지 못하느냐?'고 당신이 빈정댄다면—물론 절대 당신이 그런 질문을 하지 않을 사람일 거라고 나는 믿고 싶다!—나는 '더 괜찮은' 사람들과 대화하고 싶기 때문에 '덜 괜찮은' 사람과는 말하지 않는 것이라고 말씀드리겠다. 나는 내가 좋아하고 싶은 사람만 좋아하고 싶다. 좋아하고 싶지 않은 사람까지 '억지로' 좋아하면서 살고 싶진 않다. 이 좋은 세상, 이 멋진 세상을 굳이 '이상한 사람'과 함께 시간을 보내는 것으로 낭비하지 않으련다.

나는 마음이 그리 넓지 못하다. 그래서일까. 누군가의 자랑 한 마디에도 불편함을 느낀다. '상대방이 나와 다르게 무척 긍정적일 때 거리감이 느껴진다'는 사람도 있다는데 그게 바로 나다. 나와 삶의 공감대를 형성하지 못한 누군가가 밑도 끝도 없이 자신이 행복하다는 사실을 나에게 주절주절 늘어놓는 것을 한가하게 들어주고 있을 만큼 나는 여유롭지 못하다. 상대방은 '긍정'이라 말하지만 나에겐 '자랑'으로 받아들여질 땐 이제 "그만해줄래?"라고 '스톱'을 선언한다. 누군가의 영양가 없는 잡담을 받아주느라 나의 스트레스 지수를 높이지 않는다. 나를 보호할 뿐이다.

세상을 향해 '스톱'을 말할 줄 알게 된 나의 이야기를 한 초등학교 동창에게 들려줬다. 작은 카페를 운영하고 있는 그가 말했다. "너무 부럽다. 그렇게 말할 수 있는 네가!" 알고 보니 그 친구, '사람 스트레스'로 인해 매일매일 전쟁을 치르는 중이었다. 그가 운영하는 카페는 공간이 크지 않다. 단골 장사라고 했다. 자주 찾는 고객들과는 어느 정도 사적인 얘기를 하고 또 들어준단다. 그런데 가끔은 고객의 말을 들어주는 게 힘들다고 했다. 말을 툭툭 던지는 손님으로부터 받는 스트레스가 이만저만이 아니라는 거다.

친구 사이라면 '듣기 싫다!'고 자를 수 있지만 고객이다 보니 그럴 수가 없는 경우다. 어떻게든 미소를 지으며 들어줘야 하는데 듣기는 듣되 얼른 피하고 싶은 생각뿐일 때 스트레스가 쌓이고 나쁜 감정이 생긴다고 했다. 감정은 참는다고 사라지는 게 아니다. 감정은 쌓일 뿐이다. 쌓이고 쌓이다가 언젠가는 엉뚱한 곳으로 폭발한다. 그러니 그의 감정노동이 안쓰럽게 느껴졌다. "구체적으로 어떤 경우?"라고 물어보는 나에게 그는 특히 '고객들의 말 같지도 않은 자랑'을 예로 들었다(괄호 안은 상대방의 얘기를 들을 때 이 친구가 느낀 감정이다).

"이 가방, 지난달에 남편이 사준 건데, 비싸기만 비싸지 색깔이 마음에 안 들어요. 남편이 보는 눈이 참 없어서 답답해요."
(얼마냐고 물어봐달란 말이지?)

"남자 친구가 다음 주에 OO 호텔 스위트 디럭스룸 잡아놨데요. 난 가자고 한 적도 없는데. 남자들 진짜 예의가 없다니까요."
(룸, 조식, 수영장 사진 찍어 페이스북에 올릴 테니 '좋아요' 눌러달라는 거지?)

"괜찮은 남자가 없어요. 1년에 몇 번씩 남자를 사귀지만 다 그 사람이 그 사람 같고… 언니도 그렇죠?"
(1년에 몇 번씩 남자를 바꿀 만큼 매력 있다는 거 자랑하는 거네?)

"가끔 이런 와인도 괜찮은 것 같아요. 늘 마시는 그랑 크뤼 클라세 와인하고 그리 차이가 나는 것 같지도 않고요."
(당신 입맛 고급이란 거 자랑하고 싶지?)

반성했다. 나는 어떠했는가. 약간 친한 사이라고 해서 말의 봉인을 함부로 풀어버린 적은 없었는지, 은연중에 지배와 통제 욕망이라는 부끄러운 알몸을 '자랑질'을 통해 드러내고 있었던 것은 아닌지, 되돌아보게 되었다. 한편으론 나의 영역을 함부로 침범하여 나의 감정과 시간을 무작정 휘저어대는 누군가의 말에 대해 그저 '괜찮아'라고 말하지 않기로 다시 한번 결심했다.

세상엔 좋은 사람들이 많다. 이제 나는 그들에게만 나의 에너지를 쏟는다. 솔직히 그러기에도 시간이 부족하다. 좋은 사람과 함께하는 시간의 양을 늘리기 위해서라도 시답잖은 말을 상대방에게 쏟아내면서 자기 자존감만 채우려고 하는 사람과는 거리를 멀리한다. 그게 세상 그 누구보다도 소중한 나를 제대로 지키는 일이라고 생각하기 때문이다.

나를 지키는
하얀 거짓말

사생활을 침해받지 않을 권리는 자녀를 포함해 세상 모든 사람의 것이다. 하지만 타인의 사생활을 존중하며 관계의 거리를 인정해 주는 사람들을 쉽게 만날 수 있는 건 아니다. 의도적이건 무지함이건 관계없이 타인의 영역으로 함부로 들어오는 사람을 수시로 만나기 마련이다. 그러니 아예 나의 영역으로 침범하여 들어오는 사람이 늘 있을 수도 있다는 가정 하에 그들로부터 적절한 거리를 둘 수 있는 다양한 표현 방법을 알아두는 게 낫겠다. 필요하면 거짓말도 동원해서 말이다. 물론 거짓말이 모든 문제에 대한 완벽한 해결책이 될 순 없다. 하지만 그 거짓말이 나를 지키기 위한 것이라면, 내가 당연히 누려야 할 자유를 위해 필요한 것이라면, 아주 가끔은 허용되어도 괜찮다. 예를 들어보자.

30대 초반의 여성 얘기다. 라틴댄스 바를 찾아다니며 '춤 맛'에 빠진 어느 날, 그에게 춤을 가르쳐준 선생님으로부터 전화가 왔다. "내가 급히 쓸 돈이 생겼는데, 마침 잔고가 없어서 출금이 안 되네? 지난번에 말하는 걸 얼핏 들었는데 네가 여유가 조금 있는 것 같아서 말이야. 얼마 안 되는데… 400만 원만 내 계좌로 보내주면 안 되겠니? 이번 달 안에 이자까지 쳐서 꼭 갚을게." 잠시 머뭇거린 그는 이렇게 답했다고 한다.

"아, 그때 제가 말한 걸 들으셨나 보네요. 그 돈, 이미
주식투자로 날렸어요. 다음 달 월세도 내야 하는데…
혹시 이번 달 지나고 여유가 되시면 제가 돈을
빌려야 할 것 같아요. 그때 좀 도와주세요."

물론 이후에 '그 선생이란 사람'으로부터 연락은 없었다.

'착한 거짓말'은 필요하다. '착한 거짓말도 거짓말 아닌가?'라고 물어본다면 사실 할 말이 없다. 거짓말 맞다. 하지만 약자의 입장에서, 자신의 거리를 지켜내는 거짓말은 비난받아야 할 문제가 아니라 존중받아야 할 태도다. 당신이 직장인이라고 해보자. 퇴

근 시간에 임박하여 윗사람의 저녁 식사 제의를 받은 경우도 있을 테다. 갑작스러운 제의, 아니 '강요'에 원래 잡혀 있었던 선약을 깬다고 친구에게 '미안, 부장님이 갑자기 저녁 식사를 하자고 하시네'라는 문자메시지를 보낸 기억도 있을 것이다. 그깟 '밥 사준다'는 말에 어쩔 수 없이 끌려간 시간들, 지금 생각해보면 있을 수 없는 일 아니었던가.

이젠 이런 제안에 휘둘리지 말자. 그렇다고 퉁명스럽게 "왜요? 싫어요!"라고 말하라는 건 더더욱 아니다. 우선 안타까운 표정을 보여줘라. 그리고 말하라.

"동생이 몸이 안 좋다고 해서요. 오랜만의 회식인데 아쉽네요."
"좋은 기회인데, 어쩌죠. 두통이 심해서 쉬어야겠습니다."

나의 사적인 영역을 함부로 침해하는 그의 제안과 당신의 '착한 거짓말' 중에 잘못의 중대함으로 따지면 상대방의 제안이 훨씬 위중하다. 그런 상황이라면 '적절한 거리 두기의 거짓말'로 상황을 이겨나가는 게 맞다. 정직이 인생의 중요한 가치라고 해서 "회식을 하려면 최소한 3일 전에 구성원들의 동의를 얻어 진행해야 하는 거 아닙니까!"라고 대드는 것보다 훨씬 낫다.

동등한 힘의 균형하에 말할 수 없는 세상의 많은 약자들에게 하얀 거짓말은 그냥 거짓말이 아니다. 자신을 지키는 일종의 '생활 지혜'다. 그러니 거짓말을 한다는 자괴감에 빠질 이유는 없다. 자신의 사생활을 지킨다는, 나에게 주어진 헌법적 권리를 누리는 기술이라고 스스로에게 변명해도 괜찮다. 물론 듣는 상대방에게도 뻔하게 보이는 '빈말 대잔치'를 하라는 건 아니다. 선의의 하얀 거짓말은 상대방의 감정을 상하게 하지 않는 범위 내에서 행해질 때 제대로 행해진 것이니 말이다.

《마지막 잎새》라는 유명한 소설이 있다. 한 무명의 여성 화가가 중병에 걸려 사경을 헤맨다. 삶에 대한 희망을 잃고 방문 너머로 보이는 담쟁이덩굴 잎이 다 떨어지면 자신의 생명도 끝난다고 생각한다. 이때 누군가가 밤중에 몰래 잎새가 다 떨어진 담벼락의 담쟁이넝쿨에 잎새 하나를 그려놓는다. 그 그림에 힘입어 중병을 앓던 화가는 삶에 대한 희망을 갖게 된다. 이 장면, 하얀 거짓말의 꽤 괜찮은 사례다.

힘들고 괴로워하는 누군가에게 잎새를 그려 넣어주지는 못할망정 그나마 남아 있는 상대방의 잎새를 따버릴 이유는 없다. 상대의 상처를 건드리는 말을 하느니 그 상처를 조용히 붕대로 감아주는 형식의 말이 누군가와의 거리를 훼손하지 않는 방법이다. 괜

히 아는 척하면서 나름대로 옳은 말만 한다고 직언直言을 일삼다
가는 오히려 상대방의 원한만 산다. "너한테 그딴 소리 들으려고
물었냐? 재수 없는 인간!"이라는 말만 듣는다. 그럴 바에야 차라
리 현명하고 세련된 하얀 거짓말로 자신과 상대방의 적절한 거리
를 잘 유지하도록 조절하는 편이 훨씬 낫다.

쓸데없이
자주 받는 질문에
적절히 답하는 법

나를 슬프게 하는 사람들이 있다. '잘 알지도 못하면서' 섣불리 말을 걸어오는 사람들이다. 나에 대해 얄팍한, 하지만 잘못된 사전 지식을 갖고 함부로 말을 거는 사람들과는 대화하기 싫다. 그들은 말한다. "너를 생각해서 하는 말인데…", "나니까 이렇게 말해주는 거야." '너를 생각해서', '나니까' 등의 말들은 우습지만 한편으론 잔인한 말이다. 이런 말들은 나에겐 하루하루 만나는 거대한 쓰레기 더미와도 같다. 그 쓰레기 같은 말들을 이제는 정중히 거절하고 싶다. 그들은 '배려'의 마음으로 말했다고 하더라도 나에겐 '무례'한 단어의 나열일 뿐이기 때문이다.

오직 나뿐일까. 당신 역시 어제도 오늘도 그리고 내일도 예의 없는 사람들의 말과 행동으로부터 마음의 상처를 받으며 괴로워하고 있을 테다. 이렇듯 무례하게 나의 영역을 침범해오는 사람들과 적절한 거리를 유지하는 방법은 없을까. 나와 상대방 사이에 있는 관계의 거리를 잘 유지해나가면서도, 내가 할 말을 하는, 그래서 나의 영역에 대한 주도권을 잡고 평화로운 나 자신을 지키는 그런 말들 말이다. 일상의 모든 상황을 포함할 수는 없겠지만 몇 가지의 사례를 통해 적절하게 거리를 두는 말하기 팁에 대해 이야기해보기로 한다. 모범답안은 아니니 참고만 할 것!

Case 1_

여성이며 싱글인 당신이 "남자 친구는 있어?"라는 말을 들었다고 해보자. 어떻게 대답할 것인가. 상황을 두 가지로 나누어보자. 질문자가 남성이며 회사 선배라면 이렇게 말하라.

"네, 다음 달이면 3년째 되는 듬직한 남자 친구 있어요!"

거짓말이더라도 이렇게 말하는 게 더 이상의 '귀찮은 후속 질문'을 듣지 않는 방법이다. 꽤 많은 남자들의 뇌리엔 '자기 거, 남의 거'에 대한 관념이 확실하다. '골키퍼 있다고 뭐 골 안 들어가

랴?'는 얘기가 있지만 예상외로 '골키퍼 있으면 아예 골조차 차지 않으려는' 남자들이 많다. 그러니 질문자의 의도에서 단 1%라도 불순함이 느껴진다면, 그냥 '남자 친구 있다'고 하는 게 괜찮다. 만약 질문자가 여성 동료라면?

"소개팅해주게? 고마워!"

Case 2_

당신은 회사의 입사 동기와 연애 중이다. 정확히는 '썸' 상황이다. 이때 "너네, 사귀는 거야?"라는 질문을 들었다. 질문자가 선배라면?

"에이, 아니에요. 그냥 어려운 일 도와주는 좋은 동료일 뿐이죠."

상대방이 '우리의 사귐'에 긴가민가하다면 딱 그냥 그 상태로 놔둬라. 데이트 비용을 내줄 것도 아니잖은가! 질문자가 동료라면? 단호하게 선을 긋자. 이렇게!

"부럽니? 생각은 자유, 하지만 오해는 금물!

더 이상의 쓸데없는 관심도 그만!"

Case 3_

사귀는 사람이 생겼다. 누가 물어본다. "남자 친구는 뭐하는 사람이야?" 질문자가 남성이든 여성이든, 선배든 동료든 관계없다. 그저 연인이 다니는 회사의 관련 분야를 말해주는 정도로 끝내면 된다.

"게임회사에서 마케팅 업무를 하는 친구예요."

"어? 내 친구들 게임회사에 많이 있는데… 어느 회사야?"라고 다시 '들이댄다면' 그냥 이렇게 말할 것.

"어떤 관계가 될지도 모르는데요. 더 깊은 사이가 되면 말씀드릴게요. 점심 식사나 하러 가시죠?"

Case 4_

연애한 지 좀 됐다. "결혼할 거야?"라는 말에 어떻게 대답할 것인가. 질문자가 회사 선배라면 "아직은 제가 해야 할 일을 잘 해내고 싶습니다"라고 응답해두자. 확정되지 않은 일에 대해선 끝까지 말하지 않는 게 낫다. 결혼한 사람의 삼분의 일이 이혼한다는 통계도 있는데 '고작 연애' 중이면서 아직도 멀고 먼 결혼을 운운하는 건 지나치게 빠르다. 질문자가 동료라면?

"축의금 얼마 낼 거야?"

쓸데없이 사생활을 파고드는 질문엔 좀 더 뻔뻔해져도 된다.

Case 5_

연인과 진지한 관계가 되었다. 주변에서도 이를 알고 "날은 잡았어? 부모님께 인사는 드렸고?"라고 물어온다. 이때 필요한 대답은 앞의 사례와 유사하다. 질문자가 선배라면 "좋은 사이죠. 근데 아직 확정된 건 아닙니다. 그나저나 제가 할 일이 있어서 이만" 정도로 대답하면 충분하다. 질문자가 동료라면 이렇게 대답하는 방법도 있다. .

"부모님과 식사 한 번 먹은 정도?"

Case 6_

결혼 날짜를 정했다. "결혼하고 직장은 어떻게 할 거야?"라는 질문을 받았다. 질문자가 회사 선배라면 "결혼하면 직장에 더 충실해지지 않을까요?"라고 답하면 모범답안일 테다. 만약 질문자가 동료라면 이렇게 말하라.

"직장을 잘 다니기 위해 결혼하는 거야."

Case 7_

결혼했다. 2년이 흘렀다. 아직 아기를 갖지는 않았다. "아기는 아직인 거야?"라는 질문을 받았다고 치자. 질문자가 회사 선배라면 "아직은 회사에서 제가 맡은 업무에 충실하고 싶습니다"라고 하는 게 쓸모없는 질문에 대한 나름대로의 현명한 대답이다. 질문자가 동료라면 이 정도가 어떨까.

"아기는 하늘에서 주는 선물이니 기쁘게 기다리고 있어."

적절한 멘트를 통해 상대방과의 건강한 거리를 유지할 것을 권유한다. 어떨 때는 회피가 답이겠지만 필요한 순간에는 직접적으로 대응하는 것도 괜찮다. 심리학에는 '직면confrontation'이라는 용어가 있다. 자신의 잘못된 목표와 신념을 회피하지 않고 정면으로 자각하는 것이다. 나 그리고 당신, 우리들은 사회의 잘못된 신념과 태도로 인해 마음 아파하는 경우가 많다. 그냥 덮어둘수록 우리의 마음에 상처를 주는 경우들도 꽤 된다. 이런 것들이 모이고 모여 우리의 사회 적응을 방해하고, 자기파멸적인 행동으로 우리를 이끌어가기도 한다. 그러니 나의 영역을 침범하는 상대방의 잘못된 말과 행동에 대해선 이제 정면으로 마주하고 당당하게 표현하자. 그건 '벌 받을 짓'이 아니라 '상 받을 일'이니 말이다.

더는 끌려다니지 않는
"그렇게 말씀하시면
곤란합니다"

요즘엔 자신의 사업을 주저하지 않고 멋지게 해나가는 청년들이 의외로 많다. 월급쟁이로, 영업 사원으로 꽤 오랜 시간 지내온 나는 이런 친구들의 도전에 조건 없는 박수를 보낸다. 그게 얼마나 엄청난 일인지를 조금은 알기 때문이다. 사업 아이템을 찾고, 오픈 준비를 하며, 언제 올지도 모를 고객을 기다리는 일은 그 자체로 예술적인, 하지만 고통스러운 과정이다. 그런데 그거 아는가. 소규모 창업을 한 청춘들이 가장 어려워하는 것이 사람이라는 것을. '고객의 탈을 쓴 악마'들로 인해 그들은 정신적 피로감을 호소한다. 프리랜서로 디자인 회사를 차린 20대 후반 여성의 이야기를 듣게 되었다. 그 여성의 이야기는 이랬다.

사회에 나오기 전까지도 별별 말들로 인해 상처를 받긴 했다. 하지만 사회생활을 본격적으로 시작한 후 불과 2년간 들었던 말들에 비하면 아무것도 아니었다. 프리랜서 치고는 비교적 나이가 어렸기 때문이었을까 미팅 때마다 수없이 거친 말들을 들어야 했다. "프리랜서 해도 먹고 살 수 있어요?"라는 '쓸데없는 걱정'부터, "이것 갖고는 생활이 안 될 텐데… 재미로 하는 거죠?"라는 '걸인 취급 동정'을 거쳐, "둘이 저녁이나 먹을까요? 근사한 곳에서"라는 '유부남 개저씨의 구린 냄새나는 제안'까지, 별별 황당한 말들을 다 들었다. 더욱 충격이었던 것은 그 말들을 한 사람들이 세상의 기준에서 봤을 땐 '멀쩡한' 위치에 있는 분들이었기 때문이다. 대기업의 팀장, 중견기업의 이사, 나름대로 업계에 알려진 회사 대표의 입에서 나온 말들이 그랬다.

미팅 전 메일을 주고받았을 땐 그들도 꽤 정중했다. 하지만 막상 미팅 자리에서 자신보다 어려 보이는 여자가 나타난 것을 보자마자 그들의 태도는 돌변했다. 물론 자신들은 막 프리랜서 생활을 시작한 사회 초년생에게 사회생활에 대한 조언을 해주었다고 생각할지도 모르겠다. 딸 나이뻘의 자신을 대견하게 보고 격려해주고 싶어서 그렇게 얘기했을 수도 있다. 하지만 그들은 일을 주는 클라이언트, 그 이상도 이하도 아니다. 이 당연한 사실을 인정받지 못한 채 누군가의 딸 취급, 연인 취급받는다는 건 괴롭다. 그 과정에서 어쩔 수 없이 고객이라는 이유 하나만으로 그들을 놓치지 않기 위해 정중한 태도로 그들에게 웃음을 지어야 하는 자신의 반복된 시간들이 원망스러웠다.

그는 지금 3년 차가 되었다. 이상한 사람의 이상한 말들을 자연스럽게 받아치는 능력이 꽤 튼실하게 생겼다고 했다. '클라이언트, 딱 그만큼의 관계' 이상에 대해 생각한 적 없는 자신에게 밑도 끝도 없는 동정과 위로, 그리고 끈적거리는 격려 등을 보내는 그들에게 이제 그는 이렇게 말한다고 했다.

"그렇게 말씀하시면 곤란합니다."

또 말과 함께 행동도 적절하게 보여주면서 센스 있게, 재치 있게 받아칠 수 있게 되었다고 했다. 예의 없는 사람을 다루는 기술이 하나씩 늘어가면서 자신의 업무력도 쌓여가는 것 같다고, 관계의 거리를 무시하는 무지한 말들에 어색한 미소만 짓고 있는 게 아니라 적절하게 반박할 줄도 알게 되면서, 마음의 평화를 조금씩 찾아가는 것 같다고 했다.

그는 좋은 방향으로 결론을 내렸지만 나는 가슴이 아프다. 상대방과의 거리를 측정할 줄도, 적절하게 유지할 줄도 모르는 사람들로 인해 혼탁해진 세상에 대해 듣는 것만으로도 짜증이 난다. 거리 두기란 서로의 영역을 인정해주는 일종의 '질서'다. 사물에는 다 정해진 자리가 있는 것처럼 사람에게도 주어진 자리가 있다. 그 자리를 함부로 침범하는 순간 관계의 질서는 엉망이 된다. 거리감, 거리 두기, 거리를 둔다는 것 모두 관계 속에서 약자보다는 강자가 알아야 할 지혜임에도 이를 모르는 '강자 아닌 강자'만이 세상에 우글대는 것 같아 답답하다.

약자가 강자와 거리를 두며 피해 다녀야 하는 사회는 스스로 수준 낮음을 증명하는 '저질 사회'다. 강자가 약자의 상황을 이해하려 노력하고 공감하며 적절한 거리를 유지할 수 있는 사회가 '고품격 사회'다. 안타깝게도 우리 주위의 꽤 많은 사람들은 자신이 강자가 되는 순간 이 사실을 잊는다. 강자는 밑도 끝도 없이 약자에게 다가서려고만 하고, 약자는 영문도 모른 채 도망 다니느라 바쁘다. 관계의 파멸은 세상의 강자들이 약자와의 거리를 적절하게 유지할 줄 모른 채 약자와 커뮤니케이션하려 하기에 발생하는 비극이다.

감정은 미뤄두고
잘못은 분명히
짚어준다

말해주기 전까지 자신의 잘못을 모르는 사람들이 있다. 그럴 땐? 말해줘야 한다. 말해줘야 알아듣는다. 물론 말해줘도 모르는 사람들도 분명히 있다. 말했는데 오히려 그걸 핑계로 불이익을 주는 사람들도 존재한다. 그런 사람들, 지금까지는 어떻게 잘 살아왔는지 모르겠지만 분명히 한번 크게 고꾸라질 때가 있을 것이다. 세상이 변하면 변한 세상에 적응하는 게 당연함에도 그걸 모르는 사람들이니 당해도 싸다. 그들은 변화하는 세상, 즉 현재와 싸우는 바보들이다. 지금 세상이 어떻게 변하고 있는지를 모르고 '하던 대로', '예전처럼' 말하고 행동하다가 말 그대로 '한방에 훅' 갈

가능성이 크다. 한 직장 초년생이 들려준 얘기다.

대학교 때 고객서비스 관련 수업을 듣던 중의 일이다. 강사는 당시 기업체에 근무하는 재직자였다. 강사가 갑자기 학생들을 쳐다보더니 "여러분들의 얼굴이 서비스인 거 아시죠?"라며 흰소리를 했다. 뭔가 찜찜했지만 강사 역시 서비스 직종에 종사하고 있으니 미소나 표정 등을 말하는 것이겠거니 하고 넘어가려고 했다. 그런데 강사의 말은 계속해서 이상한 곳으로 흘러갔다. "특히 여자들은 얼굴을 잘 가꾸어야 해요. 필요하면 돈을 들여서라도 고쳐놔야죠. 제가 현재 인사 부서에 근무하는 거 아시죠? 제 말, 믿어야 해요. 아니면 고생해요." 궤변이 이어졌다. 어처구니없는 강사의 말에 쓴웃음을 짓고 끝냈다. 하지만 한 사람의 능력이나 개성을 송두리째 무시하는 그의 말은 두고두고 마음에 남았다.

참고로 강사는 남자였단다. 그 직장 초년생은 "얼굴도 서비스다"라는 '무식한 세상의 말'을 뛰어넘는 여성이 되겠다고 다짐하는 걸로 넘어갔단다. 나였다면 "그럼 교수님의 서비스는 어떻다고 생각하시나요?"라고 질문하면서 '썩소'를 날렸을 텐데. 요즘 세상에 강사가 이런 생각 없는 얘기를 한다면 아마 학생들은 수업이 끝나자마자 강사 교체를 요구할 테다. 정신적 위자료를 달라고 피해보상을 요구할지도 모르고.

듣는 것조차 짜증이 날 정도로 궤변을 늘어놓는 사람을 만나면 이렇게 말하자. 물론 스마트폰의 녹음 기능을 켜면서.

"좋은 말씀이신데 그 말씀 다시 한 번 해주실래요?"

상대방과의 거리를 생각하지 못하고 함부로 말하는, 되먹지 못한 인간이 왜 이리도 많이 우리 주변에 존재하는 것일까. 인간에 대한 예의는 어디에다 던져두고 살아가는 걸까. 그들은 오로지 자신만의 편협한 생각을 근거로 "당신은 ~한 사람이 되어야 해"라는 말을 쏟아낸다. '전혀 그들처럼 살고 싶지 않은 우리'에게 "그렇지 않으면 당신들은 ~한 삶을 살 거야"라며 근거 없는 협박까지 해댄다. 그들이 경험한 인생의 깊이가 얄팍하다는 걸 왜 티를 내면서까지 알려주려 하는지 기가 막힐 뿐이다. '말인지 막걸리인지'도 모를 말들을 들어주고 있어야 하는 우리들의 마음도 갑갑한 건 물론이다. 한편으론 우습다. 나는 그들이 생각하는 사람이 아닌데 말이다. 적절한 거리를 둘 줄 아는 사람들이 많아졌으면 좋겠다. 내가 살아갈 세상이, 우리의 자녀들이 누려야 할 세상이 좀 더 살 만한 곳이 되기를 바란다.

한 병원의 간호사들은 가슴에 '태움 금지', '반말 금지' 등의 글귀가 적힌 배지를 달고 업무를 한단다. 병원의 노동조합이 간호사들에게 배포한 배지라고 하는데 특히 '태움 금지'란 단어가 생소했다. 알아보니 '태움'이란 '영혼이 재가 되도록 태운다'에서 나온 '은어隱語'로 선배가 후배를 교육(?)하는 과정에서 일어나는 괴롭힘을 말하는 것이란다. '간호사' 하면 '백의의 천사'라는 생각을—어쩌면 선입견!—갖고 있는 나로서는 상상이 돼질 않았다.

개인적으로 싫어하는 문장이 있다. 바로 '~해봤어?'다. 이 말, 겸손한 자세로 말한다면 당연히 인정받아야 할 좋은 말이다. 하지만 요즘 이 문장을 쓰는 사람들 대부분이 '해봤어?'라는 글자에 '내가 한 그대로 따라 해야 한다. 알았지?'라는 의미를 덧붙인다. 언뜻 좋은 말인 것 같지만 실은 일방적인 강요의 뜻으로 사용하는 것이다. 그런데 '해봤어?'보다 더 나쁜 말이 있다. '나도 그랬어!'가 그것이다. '태움'은 꽤 오래된 관습이라고 한다. 이 나쁜 문화가 계속해서 이어지는 이유는 '태움'을 당한 당사자 자신이 '내 이후로는 이런 일이 없도록 하겠다'라고 마음먹는 것 대신에 '나도 그랬으니까 너도 당연히 그래야 한다'라고 생각해서란다. 적폐는 정치권에만 존재하는 게 아니었다. 어쨌거나 이런 상황에서 '태움 금지'란 배지를 다는 행동은 조직문화를 좋은 방향으로 개선하는 방법이라고 생각한다. 아무런 생각 없이 거리를 무시하던 사람들에게 경고를 주는 것은 물론 '더러운 관습'으로 엉망이 된 인간관계의 거리를 복원할 수 있을 것이라고 본다.

서비스 수업 시간에 "얼굴도 서비스다"라고 말하는 강사에게 "당신의 얼굴부터 보시오"라고 반문하는 것, 관행이라는 이름의 '태움'에 반발하며 '태움 금지' 배지를 다는 것 등은 모두 바람직한 관계의 거리를 형성하게 하는 방법이다. 잘 모르고 실수했다며 얼버무리는 강사에게, 관행이어서 그냥 했다는 간호사 선배에게 냉정한 일도 아니다. 그 사람들이 더 큰 화를 입기 전에 미리 예방주사를 맞도록 도와주는 '쿨한' 행동이니 오히려 그들이 고마워하는 게 맞다.

사과의 진정성을
판단하는 주체는
피해자다

우리는 제대로, 정확히 사과하는 것을 자주 놓친다. 사과 하나만 제대로 해도 관계의 거리를 해치지 않을 수 있는데 말이다. 사과함에 있어 기억할 키워드가 있는데 그건 '진정성'이다. 진정성이 느껴지지 않는다면 우리의 사과는 상대방에게는 그저 '영혼 없는 변명'일 뿐이다. 무엇인가 자신의 잘못으로 관계가 흔들린다면 가능한 적당한 시기를 봐서, 제대로 된 사과를 하는 게 관계의 거리를 그나마 유지할 수 있는 비결이다. 예를 들어보자.

최근의 일이다. 중학교 1학년인 첫째의 행동을 오해해 한참 혼을 내다가 그게 오로지 나의 착각 때문이라는 걸 알아차린 적이 있다. '아차' 했다. 어떻게 수습해야 할지 당황했다. 몇 시간을 고민하고 괴로워하다가 용기를 냈다. "아빠가 잘못 알았네. 미안하다." 고작 이 말밖에 하지 못한 내가 너무나 밉다. 하여간 적당한 시기에 사과를 했고 다행히 아이가 받아주는 눈치여서 안도의 한숨을 내쉬었다. 물론 아이의 무의식 어딘가에 아빠에 대한 분노 혹은 아쉬움이 있을 거라고 생각하면서 미안함을 여전히 느끼고 있다. 어쨌거나 적당한 시기를 찾았다면 사과는 진심을 담아 구체적으로 표현하는 게 맞다. 하지 않는 것보단 훨씬 낫다.

친구나 동료간에도 진정성 있는 사과는 필요하다. 언젠가 "대체 무슨 생각으로 나한테 그런 행동을 한 거야? 너, 그렇게 안 봤는데 실망이야. 그만 두자!"라는 친구의 말을 전화기 너머로 들었다. "무슨 소리야?"라고 묻기도 전에 전화가 끊겼다. 전화를 되걸어 봐도 받지를 않고 문자메시지와 카톡에도 묵묵부답이다. 다른 경로로 이유를 알아보니 나와 그 친구, 그리고 그 친구의 친구 셋이서 제주도로 친목을 다질 겸 배낚시 투어를 다녀왔는데 돈 결산에 대해 이 친구가 의문을 제기했던 거였다. 2박 3일의 숙소 비용이 45만 원이었는데 그는 15만 원으로 생각했고 비어버린 30만 원을 내가 '꿀꺽'한 것으로 착각하고 전화를 한 거였다.

화가 났다. 자기가 경비 계산을 엉뚱하게 해석하고선 나에게 이런 말을 퍼붓다니. 결국 친구의 친구가 그에게 설명을 해줬고 이 친구는 나에게 미안하다며 술자리를 제안했다. 소주 한잔을 내게 권하며 그는 "미안해. 그때 화가 났지? 나도 사회생활하다 보면 내 잘못이 아닌데도 엄청 깨지고 그럴 때가 있었어. 그러면서 '세상 살아가는 게 이런 거구나'라고 배우기도 했고. 어쨌든 미안하게 생각해. 기분 풀고, 한 번 더 놀러 가자!"라고 말했다. 하지만 내 마음은 여전히 떨떠름했다.

이유는 두 가지였다. 하나는 나의 '속 좁음'이 문제였다. 사과하는 누군가의 마음을 편하게 받아들이는 그런 마음이 나에겐 부족했다. 이건 전적으로 나의 문제다. 인정한다. 하지만 친구의 사과에도 문제가 있었음을 언급하고 싶다. '서로 다른 우리의 거리를 진정으로 가까워지게 하고 싶다'는 의지보다는 '지금 문제가 되는 상황을 빨리 해소하고 싶다'는 회피가 더 선명히 보였다. 사과라는 형식을 이용해서 자신의 마음이 빨리 편해지기만 원했지 정작 용서를 해줄 상대방인 나의 마음을 헤아리지 못했다. 그렇다면 그건 제대로 된 사과가 아니다. "어쨌든 미안해"라는 말은 나에게는 아무런 의미가 없는 사과다.

그래도 이 친구는 좀 낫다. 어떤 사람은 "네가 화가 났다면 사과할게"라는 말을 사과라고 한다. 이 말은 '내 생각엔 그렇게 기분 나쁠 일이 아닌데 속이 좁은 넌 화가 났구나. 그렇다면 사과할게' 라는 의미로 상대방에게 들릴 뿐이다. 어디에도 '자신의 잘못' 따위는 없다. 이래서야 건강한 관계가 지속될 리 없다. 서로의 거리는 무시된 셈이다. 진짜 사과를 하려면 일단 자기 잘못이 뭔지를 명확히 알아야 하며 그걸 구체적으로 상대에게 얘기한 후 정중히 용서를 구하는 게 옳다. 오직 상대방의 관점에서.

사과의 수용 여부는 온전히 상대방인 피해자의 몫이다. "진심으로 심려를 끼쳐드려 죄송합니다"를 백 번 반복해도 피해자가 받아들이지 않는다면 사과를 한 게 아니다. 영화 〈밀양〉에는 "하느님께서 이미 저를 용서하셨습니다"라는 대사가 나온다. 아이 엄마가 가까스로 마음을 다잡고 아이를 유괴하고 살인한 가해자를 용서하러 간 순간, 가해자가 아이 엄마에게 한 말이었다. 피해자의 수용과 관계없는 이 말은 피해자를 또 한 번 무참히 짓밟는다.

너무나 빠르게 사과의 말을 하거나 글을 쓰려고 애쓰기보다는 조금 더 시간을 갖고—질질 끌라는 말은 절대 아니다!—나의 말 한마디로 상대방이 용서를 할 수 있는 언어를 선택하자. 어휘 하나, 표정 하나 모두 면밀히 검토된, 진심이 담긴 사과의 뉘앙스가 포함된 언어로 말이다.

사과를 할 때는 타이밍도 중요한 고려 대상이다. 내가 잘못한 일이 있다고 해보자. 이때 상대방에게 바로 다가가 "야, 조금 전에 내가 실수했다"라고 하기보다는 아주 약간이라도 시간을 둔 후에 "아까 일, 내가 실수했다. 미안하다. 마음이 안 좋았지?"라고 한다면 상대방의 입장에선 나의 사과를 받아들이기가 좀 더 수월하다. 연애의 장면이라고 해보자. 이유는 잘 모르겠지만 애인이 나 때문에 화가 났다. 서먹한 분위기가 싫어 사과를 했다. "내가 다 잘못했어!" 이 말을 들은 상대는 화가 풀어질까? 아니다.

그날은 일찌감치 각자의 집으로 돌아가게 될 것이다. 그리고 이런 전화를 받게 될 것이다. "뭘 잘못한지는 알긴 아는 거야?" 이거 때문에 또 갈등이 생기고 그러다 결국 더 서먹해지고, 결국 헤어지게 될 수도 있다. 제대로 사과를 하고 싶다면 상대가 나의 어떤 잘못 때문에 화가 났는지를 알아내야 한다. 알았다면 잘못을 있는 그대로 인정하고 받아들이며 최소한의 시간을 둔 상태에서 상대방에게 사과해야 한다. 섣부른 사과는 오히려 화를 부른다.

미국에서 주민들에게 공유했다는 핵 공격 대비 매뉴얼의 한 문장이 기억난다. 그건 '실내에 머물 것Stay Inside'이라는 항목이었다. 섣불리 밖으로 나가지 말고 적어도 2주일 이상은 피난처에 머물러야 한다는 것이었다. 인간관계도 마찬가지다. 관계가 흔들릴수록, 관계를 좁히고 싶을 때일수록 '일정 시간 동안의 적절한 거리 두기'는 필요하다. 섣부른 접근보다는 적당한 냉각기가 관계에 도움을 준다는 것을 기억해두자.

그 많은
귀찮은 사람들과
거리를 유지하는
방법

한 만화책 작가가 이렇게 말했다.

"내가 싫어하는 사람을 만화에 등장시키지 않는다. 가능하다면 싫은 사람과는 어울리고 싶지 않다."

만화를 그리는 것은 그 등장인물과 함께 호흡하는 것이기 때문에 아예 그리지도 않는다는 솔직한 그의 말이 현명하다고 생각했다. 맞다. 굳이 싫은 누군가를 나의 일상에 등장시킬 이유는 없다. 어울리고 싶지 않은 누군가가 있다면 그가 나의 생활영역에서 가능한 멀어지도록 하는 방법을 찾아보자. '먹고살기 위해 어쩔 수 없이 그 사람을 만날 수밖에 없다'며 답답한 소리 말라고 하는 사람도 있겠다. 하지만 냉정하게 바라본다면 나쁜 사람, 별로인 사람, 피곤한 사람과는 얼마든지 거리를 둘 수 있는 힘, 바로 그것을 위해서 우리는 어제도, 오늘도, 그리고 내일도 열심히 살아가고 있는 건 아닐까. 필요하다면 제도가 허용하는 한에서 저항할 수도 있어야 하고.

상처받지 않기 위해 거리를 잘 유지하고 싶은 사람에게 유용한 팁 하나를 소개하려 한다. 말 대신 글을 사용하는 것이다. 하고 싶은 이야기를 말로 하지 않고 글로 하는 순간 관계의 거리를 보다 객관적으로 세팅할 수 있다. 직장에 다니는 한 후배의 얘기가 기억에 남는다. 그는 회계 부서에 근무하고 있었다. 부서 특성상 월말, 연말이 바쁘단다. 그때는 걸려오는 전화들에 일일이 답하기가, 아니 전화를 받기조차 힘들다고 했다. 어느 날 일에 치여 허덕이는 그에게 같은 부서의 선배가 "전화? 그냥 받지 마"라고 말했다. '그게 무슨 소리냐?'는 표정을 짓는 후배에게 그 선배는 은밀한 미소를 지으며 말을 이었단다.

"시간을 조금 둔 후에 '문자메시지로 보내주세요'라고 문자를 보내봐."

해봤단다. 결과는? 전화를 받는 스트레스에서 해방됐다고 한다. 업무 스트레스의 반 이상은 사라진 것 같았다고 말했다. 이 말을 들으며 '그렇게 해결할 수 있겠구나' 하는 생각이 드는 한편으로 '과연 이게 조직 커뮤니케이션의 옳은 방법일까?' 하는 의문도 들었다. 어쨌거나 단기적인 처방으로 전화를 걸어온 상대방에게 '말로 하지 말고 글로, 그러니까 문자메시지로 커뮤니케이션하자'는 방법이 극적인 효과를 가져온 것만은 사실이다.

이 방법을 자기 처지에 맞게 응용할 수 있겠다는 생각을 해봤다. 누군가의 말로부터 자신을 방어하고 싶다면 텍스트로 말하자고 요청하는 것이다. 상대와 적절하게 거리를 유지할 수 있는, 예상외로 강력한 방법으로 작용할 수 있다. 당신의 요청에 상대방도 호흡을 한번 멈추면서 자신의 생각을 정리할 수 있을 것이다. 아마 좀 더 구체화된 정보를 찾은 후 다시 접촉을 시도하려 할지도 모른다.

물론 연락을 해온 사람이 당신보다 힘이 센 사람, 예를 들어 상사라거나, 부모님이라거나, 모시는 선생님이라면 함부로 흉내를 내선 안 될 일이다. 잘못하면 적절한 거리를 유지하는 게 아니라 적절한 거리를 유지할 사람과 영원히 거리를 떼는 경우도 생기니까 말이다.

어쨌거나 나름대로 쏟아지는 말들의 홍수 속에서 자신을 지키는 괜찮은 방법의 하나로 보인다. 무심코 나의 영역으로 넘어오는, 함부로 거리를 좁혀오는 사람들의 접근에 대한 방어책 중의 하나일 수도 있겠고. 사실 나도 무작정 전화를 걸어 밑도 끝도 없이 요구 사항을 들이대는 사람은 싫다. 직장뿐만 아니라 SNS 등에서도 마찬가지다. 참고로 나는 SNS를 극히 좁은 인간관계 범위 내에서 운영한다. 페이스북 친구 숫자? 지금 이 글을 쓰고 있는 현재 나의 페이스북 친구 숫자는 달랑 여섯 명이다. 오직 책과 관련된, 그것도 나의 사생활을 알아도 아무런 관계가 없는 사람들로 제한한다. 이외의 사람들로부터의 친구 요청은 모두 거절한다. 그게 회사의 상사여도, 좋아하는 선배여도 냉정하게 '친구 차단'을 한다. 이것에 대해 뭐라고 해도 관계없다. 나는 나의 행복을 위해 나를 지킬 권리가 있으니 말이다.

물론 SNS를 극도로 제한적으로 사용하는 것이 인간관계를 넓히지 못하는 이유가 된다는 것을 안다. 하지만 그로 인해 노출될 나의 사생활 그리고 누군가의 간섭을 생각하면 내 나름대로의 SNS 관리법에 만족한다. 나의 안정적인 일상을 유지하기 위해 필요하다면 주변의 친한 사람들과도 거리를 두는 것은, 적절한 거리를 넘어 다소 멀어지는 포지션을 선택하는 것은 나는 물론 상대방을 위해서도 괜찮은 일이라고 생각한다. '더 깊게 안다고 그만큼 더 사랑하는 게 아니라'는 것은 내 나름대로의 인생철학 중 하나이기도 하니까.

SNS를 이렇게 극단적으로 좁게 활용하는 이유는 하나 더 있다. 쓸데없는 일에 신경을 쓰고 싶지 않아서다. 내가 강박적으로

매달릴 필요가 없는 것들친구 페이스북에 '좋아요' 누르기 등에 대해 철저하게 외면하는 자세로 임하면서 어느 순간 생각보다 편해진 나 자신을 발견하게 되었다. 남들이 한다고 해서, 아니면 남들이 하라고 해서 자신의 사생활을 어설프게 노출시키고 그것에 대한 반응으로 피곤해하는 것보다는 훨씬 낫다는 생각을 한다.

　타인이 먹고 마시고 노는 것에 '좋아요'를 클릭하고 그 게시물의 댓글을 알림에 의해 어쩔 수 없이 보게 되는 시간 낭비를 줄이는 것은 나를 위해서도 좋은 일이라고 본다.

5장

더 괜찮은 사람을
만나기 위해
덜 괜찮은 사람과는
거리를 둔다

쓰레기는 바로바로 버린다

세상엔 '좋은 사람'이 은근히 많다. 그보다는 적지만 '나쁜 사람'도 있고 그것보다 더더욱 적은 수이긴 하지만 '이상한 사람'도 존재한다. 우리는 좋은 사람과 함께하는 일상을 꿈꾼다. 하지만 우리의 소박한 꿈은 이상한 사람, 나쁜 사람들로 인해 산산조각이 난다. 그들은 나의 영역을 함부로 넘어온다. 그들은 그들과 나의 거리를 무시한다. 내가 그동안 누군가와 관계를 맺어오면서 깨달은 게 하나 있다. 나쁜 사람, 이상한 사람에게 할애할 시간에 좋은 사람을 더 찾아 관계의 질과 양을 확대하는 편이 훨씬 낫다는 것이다.

내 얘기를 하자면 나쁜 사람, 이상한 사람과 관계를 맺으려고 애쓰다가, 유지하려고 안간힘을 쓰다가, 끝내지 않으려고 노력하다가 마음의 상처를 얻은 경우가 한두 번이 아니었다. 지금 생각하면 나의 일상을 내 스스로 망치고 있었던 것 같다. 후회하고 반성한다. 세상의 그 많은 좋은 사람들을 놔두고 나쁜 사람, 이상한 사람들과 관계를 맺으려고 애썼던 것을, 그들에게 쓸데없이 밀접한 거리를 허용했다가 결국 '내 이럴 줄 알았지. 인간들은 원래 악한 존재라니까!'라고 탄식했던 것을.

그들과 잘못된 관계를 유지하느라 마음은 물론 몸까지 엉망이 되기도 했다. '신체화somatization'라는 말을 들어봤는지 모르겠다. 심리학 용어로 '심리적 조건에 따라서 신체 증상이 생기는 과정'을 말한다. 예를 들어 누군가에 대한 혐오감이 구토라는 형태로 표현되거나 누군가와의 정신적 갈등이 위궤양과 같은 기질적 질환으로 나타나는 것이다. 정말 그랬다. 잘못된 사람과의 밀착된 거리는 나의 정신뿐만 아니라 몸까지 망쳤다. 이젠 안다. 만약 내가 섞이지 않아도 되는 경우라면, 섞이지 말아야 할 사람과는 악착같이 멀어져야 한다. 세상에서 가장 효과가 좋은 노화 방지, 피부 미용 비법은 나쁜 사람, 이상한 사람과 거리를 두는 것이다.

나쁜 사람, 이상한 사람들이 보여주는 관계 초반의 몇몇 전형적 모습들을 미리 알아두고 대비하는 것도 좋은 방법이다. 예를 들어 나쁜 사람, 이상한 사람의 특징 중 대표적인 것으로 '자기 기준에 따른 타인 경멸'이 있다. 그들은 타인을 '나보다 강한가, 약한가?'의 기준으로 취급한다. 위계질서에 의해, 나이에 의해, 직급 등에 따라 힘의 강약을 나눈 후 약자는 우습게 여기고 강자에게는 설설 긴다. 사람의 일반적인 심리라고 하면 할 말은 없지만 그래도 정도라는 게 있지 않은가. 정도가 일반적인 기준을 넘어선 사람이라면 빠른 시간 내에 거리를 떼는 게 맞다.

나의 얘기다. 한때 골프를 했다. 재밌었다. 돈을 들이고 긴 시간을 투입해야 했지만, 그만큼의 가치가 있다고 생각했다. 동호회에 가입했다. 회원이 200여 명쯤 되는 곳이었다. 한 달에 한 번 서울 근교로 라운딩을 나가기도 했다. 함께 운동을 하면서 친목을 도모하는 건 꽤 마음에 드는 시간이었다. 일상의 스트레스도 날리며 한편으로 새로운 사람들과의 만남을 통해 나와 다른 삶을 살아온 그들의 경험에서 성장하는 나를 느끼기도 했다.

그러던 어느 날이었다. 라운딩을 끝내고 점심 식사를 하는 자리였다. 청국장과 두부 요리가 참 맛깔난 곳이었다. 함께 라운딩을 한 사람들과 즐겁게 하루를 복기했다. 식사 후 주차장에서 헤어질 때였다. 평소에 내가 괜찮게 봤던 분이 나에게 슬슬 다가와서는 담배 하나를 물고 투덜댔다. "응? 저 친구 가는구먼. 차 좋긴 하네? 새로 구입했다고 얼마나 자랑을 하던지." 새롭게 독일 외제 차를 뽑았다면서 즐거워하던 개원 치과의사 얘기였다. '나 같아도 충분히 기분 좋을 것 같은데'라고 생각하던 순간 나에게 말을 건네던 분이 한마디를 더했다.

"차가 좋다고 자기도 잘나지나? 꼴랑 지방대 나온 사람이…."

내 귀를 의심했다. 평소에 점잖은 모습으로 모임의 총무 역할을 잘 해내던 분의 입에서 나온 말이기에 더더욱 충격은 컸다. 내가 서울 소재의 대학 출신이라는 것을 알고 있기에 편하게 말했을 것이다. 하지만 '꼴랑 지방대' 운운하는 그 순간 나는 그분과 더 이상의 관계를 맺고 싶지 않았다. 실제로 더 이상 그 모임을 나가지 않았다. 좋은 사람들이 많았지만 총무 역할을 하는 분이 이런 사고를 갖고 있는 모임이라면 피하고 싶었다. 솔직히 겁도 났다. 그분이 내가 없을 때 다른 사람에게 나에 대해 이렇게 말할지도 모르겠다는 생각이 들었던 거다.

"저 친구는 저 나이 되도록 회사에서 임원도 못하고…."

"저 사람은 남자가 저렇게 왜소해서 힘이나 쓰겠어?"

"저 인간… 나이도 어린 친구가 예의도 없이…."

자신이 우위에 있는 요소를 찾아내어 그것을 기준으로 삼고는 타인을 열등하게 여기는 얘기를 함부로 하는 사람치고 제대로 된 사람을 본 적이 별로 없다. 다른 사람을 평가하는 기준이 '나보다 잘났는가, 못났는가?'의 기준으로 사람을 취급하는 누군가를 보게 되면 나는 가능한 한 그와의 거리를 멀리하려고 노력한다. 내 기억으론 '저 사람 예전엔 ~한 사람이었다'며 이런 식의 뒷담화를 일삼는 사람치고 괜찮은 사람은 없었다. 그래서 나는 이제 이런 사람과는 거리를 철저하게 뗀다.

이렇게 말하긴 하지만 내가 경계하고 더욱 두려워하는 건 따로 있다. 그동안 내가 주위의 이상한 사람, 나쁜 사람들과 만나면서 정작 내가 이상한 놈, 나쁜 놈이 되어버린 건 아닌가 하는 점이다. '못된 시어머니를 욕하면서 배운다'라는 말도 있지 않은가. '행복하려면 행복한 사람 옆에 있어야 하고, 불행해지고 싶다면—그런 사람은 없겠지만—불행한 사람 곁에 있으면 된다'는 말도 있다. 혹시 이상하고 나쁜 사람들 속에서 나 역시 이미 그렇게 되어버린 건 아닌지 문득 두려울 때가 있다.

물론 그들, 즉 이상한 사람, 나쁜 사람 역시 할 말은 있을 것이다. '그런 의도로 말하고 행동한 건 아니다'라면서 말이다. 하지만 적절한 거리는 상대방이 생각하는 것이 기준이 된다. 단지 농담조로 말과 행동을 한 것뿐이라고 해도 그것을 듣고 보는 상대방의 입장이 불편하다면 그건 불편한 거다. 그 불편이 관계를 피곤하게 한다면 거리를 뗄 권리도 상대방에게 있으며 그건 일종의 권리다.

예를 들어 키가 큰 친구가 키가 작은 친구에게 "넌 일단 키에서

부터 나랑 거리감 뭐 그런 게 안 느껴지니?"라며 농담을 했다고
치자. 말한 사람은 악의가 없는지 모른다. 하지만 듣는 사람의 입
장에선 기분이 나쁘다. 이런 농담이나 허언이 반복해서 일어난다
면 그건 잘못된 행동이다. 만약 내가 이런 말을 듣게 되면 이젠
적극적으로 나의 감정을 알려준다. 친구니까 한 번 더 분명히 싫
다는 의사를 보이는 것이다. 그렇게 기회를 줬음에도 친구가 내가
듣기 싫어하는 말을 계속적으로 한다면? 그때는 거리를 멀리해버
려야 할 때가 왔음을 알아차린다. 그래서 이렇게 말해버린다.

"그건 잘 모르겠고. 네가 뚱뚱해서 같이 다니면
거리감 느껴지는 건 있어."

이때 상대방이 화를 낸다면 정말 마지막이라고 생각하고 설명
을 해준다.

"기분 나쁘지? 나도 네가 하는 말이 귀에 거슬렸어.
아무리 우리가 친한 관계라고 할지라도 상대가
약점이라고 생각할 수도 있는 것에 대해서 말하는 건
조심하도록 하자."

이렇게 말을 했는데도 만약 "야, 키 작다고 하는 게 뭐가 그리 기분 나쁘다고 하는 거야?"라는 대답을 한다면? 나는 할 만큼 한 것이다. 그동안 아무리 친한 친구였어도 내가 그를 더 이상 이해 시키면서 함께 다닐 이유는 없다. 영영 관계를 끊어버리는 게 맞다. 지금은 멀쩡해 보이지만—아니 조금 이상할 뿐이지만!—조금만 지나도 쓰레기와 같은 모습으로 나를 괴롭힐 사람이기 때문이다. 쓰레기는 쓰레기통에 버려야 한다. 가능하면 바로바로. 시간이 조금 더 지나면 쓰레기통에도 넣지 못할 정도로 더러운 것을 주워 담는 나를 발견할지도 모를 일이기 때문이다.

새 신발을
사기 위해
헌신짝은
버린다

질문을 받았다.

"제 상사는 평소에도 아무 생각 없이 툭툭 말을 내뱉기로 유명합니다. 얼마 전 저에게 'XX 씨는 속옷 사이즈 뭐 입어?'라고 묻더군요. 자기 와이프 생일 선물로 속옷을 사주려고 하는데 딱 보기에 사이즈가 저랑 비슷하다면서요. 욕을 한 바가지 퍼부어주고 싶었습니다. 이럴 땐 어떻게 말하면 좋을까요?"

나는 이렇게 대답했다.

"대한민국 성희롱의 기준은 상당한 수준에 와 있습니다. 물론 그 기준이 실제로 적극적으로 적용되고 있는지는 의문이긴 하지만요. 어쨌거나 말해주십시오. 단, 말은 타이밍이 중요합니다. 상대방의 성희롱에 바로 맞서는 용기도 좋겠지만, 만약 분위기가 그렇지 않다면 다른 기회를 노리세요. 점심시간이 끝난 후에 그 부장님과 커피 한 잔을 마시게 되었을 때? 그때가 좋겠네요. 말씀하세요. '부장님, 그때 속옷 사이즈 물어보신 거 있죠? 어떻게 해야 할지 고민됐어요. 성희롱 아닌가? 누구에게 말해야 하지?' 속이 뜨끔할 겁니다. 그 자식!"

'그 자식', 그렇다, 그 자식과는 그렇게라도 거리를 떼어야 한다. 거리를 뗀다는 건 용기가 필요한 일이다. 용기의 반대는 비겁함이다. 스스로 비겁한 사람이 될 필요는 없다. '남자다움'에서 시작된 쓸데없이 질척거리는 저질스러운 거리 감각의 책임은 당신이 아니라 상대의 몫이다. 말 같지도 않은 성희롱에 '교통사고 나서 죽어 버려라!'며 속으로 저주만 퍼부어봤자 문제는 여전히 당신에게 그대로 남아 있게 된다. 그 자식에게 눈 동그랗게 뜨고 덤벼라. 그게 맞다. 그게 당신을 지키는 일이요, 좀 더 나은 세상을 위해 당신이 공헌하는 일이기도 하다. 말해도 통하질 않는다면? 그는 그저 '헌신짝'일 뿐이다. 값어치가 없어 버려도 아깝지 아니한 인간을 굳이 품고 살 이유는 없다. 새 신발을 사는 것처럼 낡은 헌신짝인 그 인간을 버려라.

비슷한 사례를 본 적이 있다. 이번엔 한 기자의 얘기였다. 여성이었던 그 기자의 취재원은 남성인 고위 공무원이었단다. 남자는 학력, 경력 등은 물론 풍기는 품격도 완벽해 보였다. 취재를 위해 몇 번을 만났고 어느 날 술자리를 함께하게 되었다. 꼭 이쯤에서 "기자면 취재나 하지 왜 술자리에 따라가?"라고 말하는 사람이 있다. 그렇게 말하는 사람도 거리를 두어야 할 1순위 리스트에 올리기 바란다. 그런데 분위기가 이상해지더니 고위 공무원이 기자를 추행하려 했다. 기자는 그 자리를 박차고 나왔다. 황당한 상황이었기에 믿고 의지하던 선배에게 이 사실을 말했다. 그 선배는 여자였다. 하지만 돌아온 대답은 예상 밖이었다.

"술자리에 왜 따라가? 그리고 중요한 취재원인데 그렇게 뛰쳐나오면 어떻게 해?"

언젠가 티브이에 검사 한 분이 나와 검찰 내의 성희롱에 대해 말하는 것을 듣고 놀랐는데, 기자 역시 다르지 않은, 험악한 조직 문화에서 일한다는 것을 알게 되었다. 검찰과 언론사 모두 '정의'라는 단어를 빼면 남는 게 없는 직업 아닌가. 그런 조직의 구성원들 사이에서 이런 식의 성희롱과 성폭력이 오갔다는 걸 보면 기가 막히다. 지금까진 이런 일들이 있는 듯 없는 듯 묻혀버렸다. 용기를 내어 자신의 힘든 상황을 외부로 알린 사람 중에 조직의 논리에 의해 희생당한 경우도 비일비재했을 것이다. 그러나 세상이 달라졌다. 이젠 얘기할 수 있고, 또 얘기해야 한다.

　우리는 그동안 누군가가 나의 영역을 침범해 함부로 말하고 행동하는 무례함을 참아내고만 있었다. 오직 '회피 전략'만이 그 무례함과 예의 없음에 대항하는 해결 방식인 줄 알고 있었다. 그래서 제대로 된 대처에 미숙했다. 거리를 떼어야 할 사람들에게 재치 있고 멋있게, 하지만 우아하게 맞받아치는 말이나 행동을 하는 걸 주저했다. 그냥 '똥 밟았네?' 생각하면서 피하는 게 대응인 줄 알았다. 이제 안다. 그건 세상을 더더욱 지옥으로 만드는 비겁한 회피일 뿐이라는 것을.

　이제 우리는 상대의 말 같잖은 말을 붙잡고 늘어질 줄 안다. 예를 들어 위에서 본 사례에서 추행당할 뻔한 위기를 선배에게 하소연한 후배 기자가 나였다면, 그런데 나의 불편함에 대해 선배가 어처구니없는 대답을 했다면, 아래처럼 3단계로 되물을 것이다.

1단계: 그렇게 생각하세요?

　(이에 대해 "왜, 뭐가 이상해?"라는 대답을 들었다면 2단계로 넘어감)

2단계: 정말 그렇게 생각하세요?

　(이에 대해 "응, 내 말이 틀렸어?"라는 대답을 듣는다면 3단계로 넘어감)

3단계: 그렇구나. 그렇게 생각하시는구나.

　상대방의 잘못된 생각을 굳이 내가 설명하려고 하지 않아도 된
다. 그저 상대가 깨닫는 방식으로 질문만 계속하면서 대화를 이
끌어 나가자. 개그맨 김숙 씨도 비슷한 말을 했다고 한다. 성적 농
담과 욕설을 버릇처럼 하는 남자들에게 '반복'과 '정색'으로 대응
한다는 것이었다. 잘못된 상대방의 말에 대해 '정말 그렇게 생각
하느냐?'는 말을 정색하며 반복했을 때 좋은 방향으로 남자들에
게 변화가 있었다는 말이었다.

　그런데 만약 마지막 3단계의 '그렇구나' 이후에도 수준 이하의
대답이 계속해서 돌아온다면 어떻게 해야 할까? 마지막 기회를
줬음에도 '거리 감수성 제로'의 말만 계속 해댄다면? 어쩔 수 없
다. 거리를 멀리멀리 두고 있어야 할 사람임을 그 스스로 입증한
셈이니 관계를 끊어야 한다. 끝까지 참아내 봐야 내 정신 건강만
해롭다.

　거리란 나를 보호하는 최소한의 장치다. 이 거리를 무시하는
사람들에게 회피가 아닌 직면으로 맞서는 우리가 되었으면 한다.
항의할 수 있어야 한다. 왜 그러느냐고 외칠 수 있어야 한다. 그럼
에도 변화가 없다면 거리를 좀 더 두어야 하고 필요하다면 헤어져
야 한다. 그게 나의 직장에서 벌어진 생계와 관련된 것이라고 해

도 말이다. 돈벌이가 중요한 일이긴 하지만 그렇다고 나의 영혼에 상처를 내는 이상한 사람이 가득한 곳에서의 힘겨운 돈벌이엔 굴복하지 말자.

억지로 유지하는 인연보다는, 아쉽지만 깔끔한 절교가 나를 위해 좋은 일이다. 자신과 잘 맞는 좋은 사람만 만나기에도 우리의 인생은 부족하다. 참고로 나는 이제 거리를 떼어야 할 사람이라는 징조만 보여도 뒤도 돌아보지 않고 걸러버리는 여유가 생겼다. 사람 때문에 생긴 우울감은 그 사람과 떨어지지 않는 한 악화될 뿐이라는 것을 알기 때문이다. '나쁜 관계의 단절'은 '더 나은 관계의 시작'으로 연결된다. 이상한 관계에 신음하느니 그 시간에 제대로 된 거리를 유지할 줄 아는 사람들을 새롭게 만나기 시작하는 것이 나 그리고 당신의 인생에 플러스를 보태는 방법이다.

인생에 몇 번쯤은 목소리를 높여야 할 때가 있다

2018년은 개의 해였다. 그래서일까. 세상의 많은 '개자식'들이 줄 줄이 밖으로 나왔다. 자기들이 스스로 나온 건 아니다. 누군가의 손에 질질 끌려 나왔다. '미투'라는 해시태그와 함께. 특히 문화계 인사들의 성폭력은 가관이었다. 아름다운 시를 쓰고, 성찰로 가 득한 소설을 쓰며, 감동을 주는 연극을 연출한, 그것도 각 분야에 서 최고의 대가들이라고 알고 있었던 사람들이 어린 후배 여성의 허 벅지를 만지고, 엉덩이를 움켜쥐고, 가슴에 손을 넣은 사실이 사 람들을 경악하게 만들었다.

"내가 10년만 젊었어도 널 먹어버렸을 텐데."

한 시인이 그 어렵다는 등단에 성공한 후갓 스무 살이었단다! 첫 작가 모임에서 들었다는 희롱의 말이었다고 한다. 나 같으면 "뭐라고, 이 개XX야!"라고 말하곤 시와는 영영 이별해버렸을 텐데. 한국 여성은 역시 강하다. 여전히 시를 쓰는 시인으로 살아가고 있었다. 응원한다. 그리고 추측한다. 희롱을 했다는 '그 인간'은 아마 "왜 그러느냐?"라는 항의를 받더라도 "뭘 그걸 갖고 그래? 예민하네?" 아니면 "화났구나. 그래, 미안하다. 내가 뒤끝은 없는 성격이니까 나도 잊을게"라며 수준 이하의 언어만 쏟아냈을 것이리라.

이런 인간과는, 이런 인간들이 모여 있는 집단이라면 관계를 끊어야 한다. 모든 사람과 좋은 관계를 맺을 필요는 없다. 무엇과도 바꿀 수 없는 나의 시간, 나의 인생이기에 '인간 같지 않은 인간들'과는 단칼에 관계를 끊어야 한다. "내가 10년만 젊었어도 널 먹어버렸을 텐데"라고 누군가 자신에게 말했다면 눈을 똑바로 뜨고, 턱을 쳐들고, 비웃음을 가득 담아 "지금 무슨 소리를 하시는 거죠?"라고 반문해야 한다. 물론 그만두되 순순히 그만두면 안 된다. 중단에 따른 자신의 기회비용을 철저히 청구해야 한다. 악착같이!

이런 일들은 갑작스레 다가온다. 멀쩡한 사람이, 멀쩡한 순간에 저지르기에 더욱 당황스럽다. 미처 준비를 하지 못하면 잘못 대응하기 쉽다. 그러니 미리 예상되는 수준 이하의 말들을 '목록화'하여 대비하는 것도 괜찮다.

- 내가 10년만 젊었어도 너의 손을 잡았을 텐데.
- 내가 10년만 젊었어도 너랑 사귀었을 텐데.
- 내가 10년만 젊었어도 너와 단둘이 여행을 가자고 했을 텐데….

당신이 여성이라면 나이, 직급, 명예, 돈 등 모든 면에서 당신보다 가진 게 많은 남성으로부터 이런 말들을 들었다고 해보자. '남자들은 어쩔 수 없는 짐승들이야!'라며 혼자 그 스트레스를 삭히고만 있을 것인가. 아니기를 바란다. '그 즉시' 그리고 '바로 그 자리'에서 "저에게 한 말은 아니죠? 저를 향한 말이라면 불쾌한 말이네요?"라고 말할 수 있었으면 좋겠다. 이렇게까지 '배려'를 해줬는데도—뭘 모르는 사람에게 그 모르는 부분을 말해주는 건 '쓸데없는 지적'이 아니라 '따뜻한 배려'다!—여전히 "뭘 이런 걸 갖고 그래? 직장 생활 하루 이틀 하는 거 아니잖아?"라고 말한다면? 이젠 공식화할 차례다. 3단계다.

1단계: 옅은 미소를 짓는다.
2단계: 스마트폰의 녹음 기능을 튼다.
3단계: 말한다. "다시 한 번 말씀해주세요."

굳이 이렇게까지 해야 하냐고? 다음의 말을 두 번 반복해서 읽어보라.

"내 책임이 아니다. 내 문제가 아니다. 그의 책임이다. 그의 문제다."

당신 문제가 아니고 그의 문제다. 잘못이 없는 사람이 잘못이 있는 사람에게 대응하는 수준은 지나칠 정도로 철저해도 괜찮다. 여기서 꼭 하나 기억했으면 하는 게 있다. 세상의 모든 사람과 좋은 관계를 맺고 아름다운 인맥을 쌓겠다는 건 무리한 몽상이라는 사실이다. 나쁜 건 나쁜 거고, 좋은 건 좋은 거다. 문제가 되는 말에 정색을 하며 사과를 요구하는 당신을 보고 '별것도 아닌 거에 화낸다'는 반응을 보이는 상대방은 '나쁜 거'다. 나쁜 것은 나쁘다고 해야 한다.

"네가 나한테 어떻게 이럴 수가 있어?"라며 억울해한다면 "나니까 이 정도로 끝나는 거야. 나니까!"라고 말하는 게 옳다. 좀 더 나아가 제3자에게 당신의 기막힘을 알렸는데 "박 교수님은 말만 저렇게 해. 실제로는 그런 사람이 아니야"라는 식의 대답을 들었다면? 잘 됐다. 이번 기회에 그 제3자의 지적 수준, 인간에 대한 기본적인 예의의 정도를 알게 된 셈이다. 그와의 거리도 앞으로 좀 더 멀리 두도록 하자.

수준 낮은 인간들과 관계를 끊는 건 빠를수록 좋다. 진짜 만나고 싶은 사람만 만나기에도 우리에겐 시간이 없다. 어떻게 거리를 멀리 둘 수 있을까. 예를 들어보자. 첫째, 길거리에서 '저질스러운 그 인간'을 보게 되었다면? 일단 그 현장을 '빠른 걸음'으로 피한다. 단, 이때 '내가 이렇게까지 피해 다녀야 하나?'라고 자책할 필요는 없다. '무서워서 피하는 게 아니라 더러워서 피하는 것'일 뿐이다.

둘째, 이미 당신을 바라보는 그의 시선이 느껴졌다면? 보통은 이럴 때 자기도 모르게 시선을 피한다고 고개를 푹 숙이는데 그럴 이유가 없다. 잘못한 건 당신이 아니라 그 사람이다. 그저 눈을 들어서 그 사람이 있는 방향을 보라. 단, 그 방향에 있는 사람을 보는 게 아니라 그 사람 키의 세 배쯤 되는 높은 곳을 보는 것이다. 그게 건물이면 건물을 보고, 하늘이면 구름을 본다. 이왕이면 '씩' 하고 미소를 지어주는 여유를 표현하면 괜찮겠다.

셋째, 어쩔 수 없이 서로를 스치듯이 지나가게 되는 상황이라면? 음악에 집중하는 모습을 보이는 것도 괜찮다. 이어폰을 귀에 착용한 채로 살짝 고개를 앞뒤로 흔들며 앞이나 옆쪽을 바라본다. 비슷한 방법으로 바쁜 것처럼 자신을 포장해도 된다. 마침 종이라도 하나 들고 있으면 서류를 보는 것처럼 하는 것도 좋고, 그것마저 없다면 스마트폰을 보는 것으로 대체하는 것을 추천한다.

모든 사람과 좋은 관계를 유지하겠다는 당신의 마음, 아름답다. 하지만 그렇다고 해서 모든 사람과 좋은 관계를 맺겠다는 건 무모한 생각이다. 그 무모함 대신 '내가 의지하고 있는 이 관계, 혹시 허구는 아닌가?'라는 관계적 의심에 집중하길 바란다. 편하게 이렇게 생각했으면 좋겠다. '그래! 그렇고 그런 찌질한 인간관계, 그냥 안 봐도 그만이다!' 나와 상대방 사이에서 오가는 말들이 건강하지 않다면 거리를 두는 게 맞다. "그런 말을 왜 하신 거죠?"라고 물었음에도 "농담인데 왜 그래요? 뭘 그렇게 심각하게 받아들이세요?"라는 답이 되돌아온다면 이제 거리를 뗄 때가 된 것이다. "저는 불쾌합니다!"라고 정중히, 하지만 날카롭게 받아치는 것에 익숙해지자. 인생에 몇 번쯤은 목소리를 높여야 할 때가 있다. 지금이 바로 그때다.

싫어하는 것에
이유는 없다

페이스북 페이지 '오싫모오이를 싫어하는 사람의 모임'에는 10만 명이 넘는 회원이 가입되어 있다. 이들이 싫어하는 프로야구 선수는? 등번호가 '52오이'인 사람들—그렇다면 히어로즈의 박병호? 이글스의 김태균?—이란다. 냉면집 메뉴 변경 건의에도 적극적이라고 하는데 예를 들어 한 냉면집의 메뉴가 이렇다고 해보자.

-메뉴-

물냉면 9,000원

비빔냉면 9,000원

그들은 메뉴가 이렇게 변경되길 원한단다.

-메뉴-

물냉면 9,000원

오이물냉면 9,500원

비빔냉면 9,000원

오이비빔냉면 9,500원

누군가에게 이 얘기를 했더니 '기가 막히다'는 표정을 지으면서 말했다.

"할 일들 없네."

그의 말에 나는 이렇게 토를 달아줬다.

"할 일이 없는 게 아니야. 자기 할 일을 하는 거지. 싫어하는 것에는 이유가 없거든."

타인이 싫어하는 취향에 대해 "왜 그러느냐?", "왜 유별나게 그러는 거냐?"라는 식으로 윽박지르는 사람이 더 문제가 많다. 세상은 다양성을 받아들이는 자가 이기는 시대가 되었는데 아직도 타인의 취향을 있는 그대로 받아들이기는커녕 함부로 '디스'까지 한다면 그건 관계의 거리를 모르는 사람임을 티 내는 것에 불과하다. 혹시 당신이 바로 그런 사람이라면, 또 세상으로부터 '디스

당하는 것이 두렵다면 '싫어하는 것에는 절대 이유가 없으며 누군
가의 취향은 절대적으로 존중받아야 함'을 인간관계의 기본 태도
로 꼭 기억해두자.

'실존주의' 대신 '싫존주의' 시대가 왔다는 우스갯소리가 들린
다. '싫존주의'는 싫음마저 존중하는 주의, 혹은 싫어하는 취향도
당당히 밝히는 행동을 말한다. '미닝 아웃meaning out'이라는 말
과도 유사한데 이는 자신의 취향을 적극적으로 드러낸다는 뜻으
로 개인의 다양성이 광범위하게 수용되는 시대가 되었음을 반영
한다. 예전엔 한 사람의 독특한 취향은 그 사람이 자신이 속한 사
회에서 배제되는 이유로 작용했다. 하지만 이젠 누군가의 독특한
취향을 받아들이지 못하는 사람부터 먼저 사회에서 축출된다.

세상엔 예상외로 '자기 욕망 그 자체'로 사는 사람들이 많다. 그
들은 오로지 이기적인 욕망에 사로잡혀 자기 이외의 타인에 대
해서까지 자신의 욕망의 잣대를 들이댄다. '이 사람이 나의 욕망
에 도움이 되느냐, 마느냐'에 따라 관계를 디자인한다. 나를 오로
지 자신의 욕망의 대상으로만 생각하는 사람과는 가까운 거리를
유지할 이유가 없다. 타인이 싫어하는 것을 아무런 이유 없이 강
요하는 그들이 먼저 부끄러워할 줄 알아야 한다. '싫은 것에는 이
유가 없다'는 점에 동의하지 않는 사람은, "도대체 뭐가 싫다는 거
야?"라며 그 이유를 설명하라고 윽박지르는 사람은, 누군가로부

터 거리를 떼고 싶은 사람으로 취급되어도 어쩔 수 없다.

　마지막으로 하나 더, 거리를 두고 살아가고 싶지만 어쩔 수 없이 늘 함께 살아가야 할 사람이 있다면 어떻게 하는 게 좋을까. 무작정 거리를 두고 살아갈 수만은 없는 경우 말이다. 굳이 듣고 싶지 않고, 도움도 되지 않는 말을 상대방이 하고 있는데 그 상대방이 직장 상사이거나, 회사 선배이거나, 학교 선배인 경우다. 이럴 땐 일단 '경청' 정도는 해줘야 한다. 그건 기본적인 대화의 예의니까. 대신 다 들어주고 나서 꼭 다음의 한마디를 해주자.

　"말씀을 들어보니 조금은 이해가 됩니다. 하지만 저는
　여전히 의문이 듭니다. 그리고 그것에 대해 더 이상
　알고 싶지 않습니다. 그 문제가 더 이상 거론되기를
　싫어하는 제 기분도 고려해주시길 바랍니다."

　한 성공한 사업가는 이렇게 말했다. "사업에서 배운 건 어려운 문제들을 해결하는 방법이 아니라 피하는 것이었다"라고. 마찬가지다. '인생에서 배운 건 어려운 사람들과의 문제를 해결하는 방법이 아니라 피하는 것'이라고 생각해두면 어떨까. 이제 '촌스러운 카리스마'를 부리는 사람에겐 "그건 싫다!" 혹은 "그건 아니다!"라고 말할 수 있는 우리들이 되겠다고 약속하자.

싫다고 표현을 할 때는 '내'가 싫다고 말하면 된다. 싫은 것을 '너'의 것으로 돌릴 필요는 없다. "그렇게 말하는 건 잘못된 거 아닌가요?"보다는 "나는 당신의 말이 잘못되었다고 생각합니다"라고 말하는 게 맞다. "내일까지 자료 좀 만들어줄래요?"라는 요청에 "그걸 어떻게 해요? 팀장님이라면 할 수 있어요?"라고 말하기보다는 정확하게 '나'를 내세워 "제가 내일까지 할 일이 많아요. 힘들겠습니다"라고 말하는 게 낫다. 나를 지킨다고 괜히 상대방을 나의 자리에 끼워 넣어봐야 서로의 감정만 상할 뿐이다. 나를 지키기 위해서 하는 일이라고 생각하고 '나 자신'이 싫다고 말하면 된다.

조심스럽지만 반려견 얘기를 해본다. 반려견을 키우는 분들은 반려견을 '우리 애', '우리 집 아이' 등으로 호칭하면서 애정을 가득 담아 부른다. "어떻게 강아지를 아이에 비유하느냐?"라고 하는 사람이 있겠지만 그건 타인의 취향을 고민하지 않는 말이니 무시하기로 한다. 문제는 '우리 애'가 다른 사람의 눈에는 '당신의 애'로 보이지 않을 수 있다는 점에 있다. '나의 애'는 무조건 사랑스럽다. 하지만 '남의 애'는? 그때그때 다르다. 카페에서 아이가 옹알옹알 노래를 부르면 그 아이의 아빠는 귀엽겠지만, 옆에서 조용히 음악을 듣던 누군가에게는 '혐오의 대상'일 수도 있다. 반려견도 마찬가지다. 그러니 목줄도 매지 않은 개가 달려들면 자신도 모르게 발이 나가고, 소리를 치는 것도 당연하다. 왜? 싫은 건 싫기 때문이다.

　이걸 인정하지 못해서 싸움이 일어난다. "우리 애는 안 물어요"라는 말이 반려견과 함께 생활하는 분들의 이기적인 태도처럼 보이게 된 이유는 일부 극소수 사람들이 반려견을 제대로 통제하지 못해서가 아닐까 싶다. 반려견이 개를 싫어하는 누군가에게 달려들었고, 그 과정에서 자신의 반려견은 문제없다는 태도의 견주와 다툼이 일어나면서 '개를 키우는 건 이기적'이라는 인식이 확산된 것이다.

　반려견도 그렇고 아이들도 그렇다. 그들 나름대로의 본성이 있다. 사람을 보면 좋다고 다가서는 개와, 짜증이 나면 소리를 지르는 아이는 그 자체로 아무런 잘못도 없다. 하지만 그 반려견과 아이를 통제하지 못한 보호자에겐 책임이 있다. 통제가 안 되어 목줄 없이 이리저리 배회하는 반려견을 향해, 뜨거운 국물을 들고 식당 한복판에서 뛰어다니는 아이를 향해 누군가가 "조심해라!" 하며 '싫음'의 감정을 표현했다면? 반려견과 아이의 보호자는 "물지도 않았는데(혹은 부딪히지도 않았는데) 뭘 그걸 갖고 그러느냐, 민감하게"라고 말해선 안 된다. "죄송하다"라는 말을 하지 못 한다면 그는 '자신은 세상의 관계를, 서로의 거리를 잘못 알고 있는 사람임'을 입증한 것과 같다.

"싫어서 싫다고 했을 뿐이다."
"싫은 것에는 이유가 없다."

이 말들을 기억에 담아둔다면 누군가와의 거리를 악화시키는 것을 피할 수 있다.

한편 이 말들은 세상에서 나를 보호하는 괜찮은 방법으로 활용할 수도 있다. 내가 초등학교 6학년 때의 일이다. 반장 선거에 나가게 되었다. 친구인 재철이와 정은이가 경쟁 상대였다. 3:1의 경쟁이었다. 평소 웅변학원을 다닌다는 재철이는 지금도 기억이 생생할 정도로 목소리 높여 자신을 반장으로 뽑아달라고 했다. 정은이도 만만치 않았다. 카랑카랑한 목소리로 여자 반장의 필요성을 이야기했다. 그 모습들을 보면서 나는 두려워졌다. 반장 선거에 나간 것도 누군가의 추천에 의해서였다. 내가 말할 순서가 되었다.

"저는 반장은 하지 않겠습니다. 대신 부반장 선거에 다시 나오겠습니다."

아이들은 의아해했고 선생님도 당황했다. 결론부터 말하면 나는 재철이에 이어 두 번째로 많은 표를 받아 낙선했다. 몇 표 차이가 나지 않았다. 이후 부반장 선거에서 쉽게 당선되었다. 그날 엄마에게 혼났다. "남들은 하지 못해서 안달인데 넌 왜 그러니?"라는 타박을 받았다. 하지만 지금 다시 그때의 기억을 되살려보면 나는 나 나름대로의 인생 전략을 유감없이 발휘했다는 생각이 든다. 그 인생 전략은 바로 이런 거였다.

'나에게 행복을 주지 않는 일에 굳이 나설 이유는 없다.'

그때 나는 당선의 쾌감보다는 '편안함', '안락함', 그리고 제일 중요한 '신경 쓰지 않음' 등 나의 행복을 위해 필요한 더 큰 것들을 선택했을 뿐이다. 나와 그들, 즉 선생님과 친구들과의 적정한 거리를 두는 기회를 얻었다. 나는 그때의 내 판단을 자랑스럽게 여긴다. 오랜 시간이 지났지만, 싫은 걸 싫다고 한 나의 용기를 칭찬한다. 싫은 걸 싫다고 말하지 못해서 질질 끌려다니는 것보다야 백만 배 낫다. 거리를 떼어야 하는 순간임에도 불구하고 머뭇거리다가 억지로 일을 하는 것만큼 내 인생의 시간을 낭비하는 일도 없으니 말이다.

이런 경우는 우리 일상의 관계 속에서 흔히 찾아볼 수 있다. "너 나 안 좋아하니?"라고 물어봤을 때 "좋아하는 건 아닌 거 같아"라는 말보다 "응, 난 너 싫어!"라고 말하는 게 서로의 시간을 위해서, 서로의 행복을 위해서 적극적으로 권장되는 거리의 기술이다. 자신에게 주어진 선택의 순간을 흐지부지 넘어가지 말자. 나의 삶이 누군가의 선택에 의해 움직이는 건 귀찮고 피곤한 일이다. 로봇이 아닌 이상 평생 누군가의 선택만 기다리는 것만큼 불쌍한 일도 없다. 그러니 선택할 수 있을 때 '싫다', '아니다'라고 끝내는 게 맞다.

싫을 때 싫다고 말할 수 있는 사람들은 자신이 원하는 대답을 듣지 못했을 때 쿨하게 물러설 수 있는 용기를 가진 이들이다. 자신이 상대방과 떨어지고 싶을 때만 떨어지는 게 아니라 상대방이 자신과 떨어지고 싶을 때도 기꺼이 괜찮다고 생각하는 사람들이다. 거리를 멀리한다는 건 상대방이 미울 때, 보기 싫을 때에만 필요한 개념이 아니다. 사랑하기에 거리를 떼는 것이야말로 거리를 잘 조절할 줄 아는 최고의 고수들이 할 수 있는 일이다.

무례한 사람에게는 사람에게는 무시와 기록이 답이다

온종일 고객의 불만을 청취하는 고객 센터의 직원들은 별별 이야기를 다 듣는다. 입에 담기 힘든 상욕은 물론 느끼한 성희롱까지. 세상엔 다양한 사람들이 있다. 그렇다고 그 다양성이 타인의 감정을 침해하는 다양성으로 수용될 수는 없다. 상대의 감정을 무시하고, 자신이 갑이라는 이유 하나로 막말을 하는 사람들은 그 존재 자체로 우리가 사는 세상에 피해를 입히는 존재들이다.

고　객: 당신 회사 휴대폰을 샀는데 빨리 개통 안 해줘서 한 시간 동안 통화를 못했어!

상담원: 번호이동 과정에서 시간이 소요되었습니다. 불편하셨죠. 죄송합니다.

고　객: 어이, 죄송이고, 나발이고, 어떻게 할 거야. 지금 당장 사장 바꿔.

상담원: 죄송합니다. 서류 접수 과정에서 착오가 있었던 모양입니다.

고　객: 뭐? 그걸 말이라고 해? 이게 미쳤나. 야, 너 지금 당장 우리 집에 와서 사과해.

상담원: 아, 고객님. 저….

고　객: 윗사람한테는 내가 한 시간 사용 못 한 위자료로 100만 원 피해보상하라고 해.

상담원: 네, 저….

고　객: 알았어, 몰랐어? 말 안 해? 이 XXX. 죽을래? 엉?

상담원: ….

을이라는 이유로, 콜센터 직원이라는 이유로, 무작정 당하기만 했던 상담원들이 입었을 감정의 상처들이 안쓰럽다. 상담원의 영역은 '막말 허락 가능 구간'이 아니다. 고객과 상담원 사이의 거리역시 철저하게 존중되어야 하는 거리다. 상담원도 자신이 지킬 수 있는 감정의 마지노선이 있다. 상담원에게 밑도 끝도 없는 분노를 표출하는 고객은 상담원과 자신의 거리를 심각하게 착각하고 있는 것이다.

다행인 건 예전에는 상담원이 일방적으로 '당해야—들어줘야 혹은 듣고 있어야—하는 경우가 대부분이었지만 이제는 그렇지 않다는 사실이다. 고객 센터를 운영하는 회사들이 이를 그냥 두고 보지 않는다. 감정을 함부로 훼손하는 고객에 대한 구체적인 대응 매뉴얼을 갖추고 구성원이 적극적으로 대응토록 한다. 그 방법들은 대략 이렇다.

첫째, 무시한다.

예를 들어 전화 통화 중인 상황이라면? 그냥 끊어버린다! 국내 OO 카드 회사의 경우 소위 '진상 고객솔직히 '진상 고객'을 '고객'이라고 할 수 있을까? 그냥 '진상'이지!'의 전화는 상담원이 일방적으로 끊어버리라는 파격적 조치를 취했다. 그러자 콜센터 구성원의 이직률이 낮아졌단다. 더불어 고객 센터에 전화를 하려는 선량한 고객의 대기시간은 짧아졌고. 앞에서 본 무례한 고객의 사례를 가져오면 이런 상황이 아닐까?

고 객: 윗사람한테는 내가 한 시간 사용 못 한 위자료로 100만 원 피해보상하라고 해.

상담원: 네, 저….

고 객: 알았어, 몰랐어? 말 안 해? 이 XXX. 죽을래? 엉?

상담원: 전화 끊습니다. 감사합니다.

내 마음까지 상쾌하다.

고객이 무조건 '왕'으로 인식되고 있는 국내 서비스업계에서 이 카드 회사의 정책은 파격적으로 받아들여졌다. '무조건 고객에게 친절해야 한다'는 '잘못된 개념'이 팽배한 서비스 업종이기 때문이다. 자칫 고객들에게 불친절하다는 인상을 남겨 브랜드 가치에 타격받을 수 있는 것도 사실이다. 실제로 적용하고 문제점이 발생했을지도 모른다. 몇몇 선량한 고객에게 예기치 못한 피해가 있었을지도 모르겠다. 그럼에도 불구하고 시도 그 자체에 대해서는 박수를 쳐주고 싶다. 고객과 상담원 사이의 적절한 거리를 유지하게 만드는 아름다운 조치라고 생각한다.

둘째, 기록한다.

고 객: 윗사람한테는 내가 한 시간 사용 못 한 위자료로 100만 원 피해보상하라고 해.

상담원: 네, 저….

고 객: 알았어, 몰랐어? 말 안 해? 이 XXX. 죽을래? 엉?

상담원: 비속어를 사용하셔서 지금부터 녹음을 시작합니다. 참고해
주세요.

원래 쓸데없이 말 많은 사람이 겁도 더 많은 법이다. 자신의 약
함을 방어하기 위해 외부로 말을 함부로 뱉어내는 비겁자일 뿐이
다. 이런 사람들, 아마 '녹음'이라는 말 한마디만 나와도 '그 더러
운 입'을 함부로 놀리지 않을 것이다. 기록은 사람을 젠틀맨으로
만들어준다. 무엇인가를 기록녹음 포함한다는 모습을 보여준 순
간 상대방은 자신의 말들이 어떻게 기록될 것인가에 대해 관심을
갖고 또 조심한다.

자신의 거친 말을 누군가 받아 적어 근거로 남긴다고 할 때 함
부로 말할 수 있는 사람은 그리 많지 않다. 시끄러운 그들 중에
상당수는 기록을 시작하면 조용해진다. 진상 고객을 젠틀맨으로
바꾸는 방법은 예상외로 쉽다. 그저 상대방의 말을 기록하겠다고
말해주면 된다. 혹시 주변에 진상 고객이 있는가. 지금 당장, 기록
해보라. 아니, 기록한다고 말해보라. 나와 그 사람 사이의 제대로
된 거리를 복원할 수 있을 테다.

전화를 일방적으로 끊어버린다거나 녹음한다는 의사표시를 하

는 게 무조건 옳다는 건 아니다. 하지만 '진상 고객', 아니 '진상'이 나와의 거리를 무시하고 나의 내밀한 영역—나의 감정, 나의 사생활 등—에 함부로 침범하려 든다면 적절한 거절은 평화를 만들어낸다고 나는 믿는다. 말을 들을 준비가 되어 있지 않은 상대방에겐 말을 하지 않는 게 맞다. 싫어하는 사람의 장점을 찾으려고 애쓰다가 나 자신의 영혼만 쇠약해진다.

성공도 중요하지만 그에 앞서 나 그리고 나의 마음을 보존하는 것 역시 중요하다. 그러니 당신이 생각했을 때 아무런 가치도 없는 말만 해대고, 자신의 의견만을 내세우며, 나의 의견을 무시하는 상대방을 만난다면 "할 일이 있습니다. 가봐야겠어요" 하며 그냥 그 자리를 떠나라. 무례한 상대방을 젠틀맨으로 만들고 싶다면 '이렇게 해야 젠틀맨이 됩니다'라고 친절하게 설명해주지 말고 무시하거나 기록하라. 그럼 된다.

희생이라는 말이 있다. 나는 희생이란 말을 그리 좋아하지 않는다. 어떤 사물이나 사람을 위해서 자기 몸을 돌보지 않고 자신의 목숨, 재산, 명예 따위를 버린다? 재산이나 명예는 모르겠지만 목숨을 바꿀 만큼 귀중한 가치가 세상에 얼마나 많은지 모르겠다. 마찬가지다. 상담원이라고 진상 고객의 어두운 말들을 온전히 받아내야만 한다고 생각하는 건, 그 정도의 희생은 감수해야 한다고 말하는 건, 위선이고 강압이며 폭력이다. 대책 없이 강요된 희생과는 단칼에 이별할 줄 알아야 한다. 힘들 땐 이기적 희생이 정답이다. 그러니 필요하면 무시하고, 기록할 것! 그게 나를 지키는 힘이다.

6장

상처,
주지도 받지도
않기 위한 말들

최소한의 거리를
유지하기 위해
하지 말아야
할 말들

할 말이 필요할 때 하지 않고, 굳이 할 필요가 없을 때 불필요한 말을 하는 게 도리어 관계를 엉망으로 만든다. 친구 사이, 부모와 자녀 사이, 상사와 부하 사이, 연인 사이에서 모두 그렇다. '할 말'을 하면서 거리를 가깝게 하는 것도 필요하겠지만 여기서는 최소한의 거리를 유지하기 위해서 조심할 필요가 있는 '하지 말아야할 말'을 살펴보기로 한다.

Case I_

"네가 내 동생이었으면 쥐어박았을 거야."

과거 회사에서 신입 사원 때 내가 들었던 말이다. 그때야 "네, 죄송합니다. 박 대리님!" 하면서 비굴한 표정을 지었지만 지금 세상에 저런 말을 함부로 하는 사람이라면 일단 '꼰대' 취급받기 딱 좋을 것이고, 다음으로 '가깝게 지내고 싶지 않은 인간 1순위'의 영광을 누릴지도 모른다. '아들 같아서', '딸 같아서' 이런 말들은 궤변의 '끝판왕'이다. 궤변의 주체로 우뚝 서고 싶지 않다면—꼰대 취급받기 싫다면!—아무런 혈연관계가 없음에도 혈연을 끌어들이는 우매함을 보이지 말길.

참고로 이런 사람들이 하는 말의 특징은 '과거 회상형'이라는 데 있다. "내가 젊었을 땐 안 그랬는데…"라는 말이 습관처럼 붙는다. 혹시 이런 말을 하지는 않았는가. 조심하라. 그 사람은 당신의 동생이 아니다. 아니 설령 실제 당신의 친동생이라고 하더라도 어디 함부로 저렇게 말할 수 있겠는가. 시대가 변했으면 시대가 변한 줄 알고 말하라. 남은 남이다. 괜히 남을 당신의 것으로 착각하지 말라. 말 한 번, 행동 한 번에 평생의 사업이 한 방에 날아가는 경우를 거의 달마다 뉴스에서 보고 있지 않은가. 하지 말아야 할 말은 하지 말라. 그게 맞다.

Case 2_

"너 화났지?"

상대방의 감정이 드러날 때 그걸 보고 직설적으로 표현하는 것은 최소한의 거리 유지에 실패한 언어다. 감정을 알아차리는 것, 감정을 수습하는 건 오로지 상대방의 몫이다. 상대방의 것을 당신이 빼앗으려 하지 말라. 굳이 개입하고 싶다면 상대방이 스스로 그 감정을 경험하고 표현할 수 있도록 격려해주는 것에서 그치면 된다. '가설적 표현'이라고 하는 말하기 방식이 그것이다. 예를 들면 이렇게.

"무슨 일 있니? 나에겐 네가 화가 난 것처럼 보여."

Case 3_

"너 고등학교 다닐 때 완전 왕따였잖아.
그런 네가 회사 임원이라니… 용 됐다, 용! 하하하."

상대방이 기억하고 싶지 않은 과거는 들춰내지 말라. 안다. 당신은 상대방을 칭찬하려고 말했다는 거. 하지만 상대방은 애써 잊고 지내온 과거다. 자신의 나쁜 이미지를, 그것도 수많은 노력을 통해 간신히 이겨낸 과거의 기억을 굳이 떠올리게 하는 당신의 말은 거리를 멀리하고 싶게 만든다. "너 완전 돼지였는데, 완전 날씬해졌네? 한약 먹었어?", "너 공부 못했잖아. 그런 네가 어떻게 교수가 됐어?" 쓰레기보다 못한 말을 애써 건네려 하지 말자.

Case 4_

"우리가 지금 어떤 사이인 거야?"

남녀 관계에서 흔히 한쪽 편에서 다른 한쪽 편으로 흘러가는 얘기다. 관계의 진척도에 대해 궁금해하는 건 당연하다. 그렇다고 '우리의 관계', '우리의 거리'에 대한 결정을 상대방에게 떠넘기려는 화법은 관계의 거리를 위축시킨다. '괜히 말 잘못했다가 사달이 나는 거 아니야?'라는 두려움에, 아니면 '괜히 오버해서 말했다가 나를 우습게 여기게 되면 어쩌지?'라는 걱정에 괜한 불쾌감이 들기도 한다. 그렇다고 해도 궁금한 건 풀고 싶은 법, 어떻게 말해야 관계를 해치지 않으면서도 적절한 거리를 유지할 수 있을까? 간단하다. 당신의 의견부터 정확히 얘기하라.

"나는 당신과 함께하는 미래를 진지하게 고민하고 있어."
"나는 너와 좀 더 나은 단계를 꿈꾸고 있어."

이렇게만 말하고 천천히 상대의 반응을 기다려라.

Case 5_

"꼭 하루 종일 교회에 가 있어야 하는 거야?"

세상의 모든 종교는 각 개인이 선택할 몫이다. 경우에 따라 종교란 당신의 상대방에겐 '당신보다 더 중요한 무엇'인지도 모른다. 말도 안 된다고? 그건 당신 생각이다. 거리를 적절하게 유지하고 싶다면 이 정도는 인정할 줄 알아야 마땅하다. 종교의 자유는 헌법으로도 보장된 자유다.

하나 더 알아보자. 반대로 상대방이 당신에게 "나는 세례를 받은 기독교인과 사귀고 싶어"라고 말했다고 해보자. 기독교인이 아닌 당신, 어떻게 대답할 것인가. "종교가 중요해, 내가 중요해?"라며 억박지를 것인가, "우리 집은 대대로 불교 집안이라 턱도 없는 소리야"라며 단칼에 끊을 것인가. 성급하게 결론을 내리지 말자. 그의 생각에 대해 판단하지도 말라. 그렇다면 어떻게 대답할 것인가. 당신의 의견만 차분하게 말하라.

"나는 아직 준비가 되어 있지 않아. 언젠가 마음이 바뀌면 생각해볼게. 그런데, 지금은 아니야."

종교뿐만이 아니다. 정치적 의견의 차이, 젠더 문제에 대한 이견, 심지어는 강아지와 고양이에 대한 생각 등도 각자가 스스로 생각하면서 수용 여부를 결정할 일이지 일방의 억압적인 요구에 의해 해결될 사안은 아니다. 강아지를 좋아하고 또 키우고 있는

201

연인에게 "개털 날리게 왜 집에서 개를 키워? 개에다 들이는 돈도 꽤 된다고 하던데 꼭 그렇게까지 하면서 키워야 해?"라고 말하는 건 상대와의 거리를 무시하는 말하기다. 대신 이렇게 말하라.

"나는 한 번도 강아지를 집에서 키워본 적이 없어서…
그리고 강아지 털 알레르기도 있는 것 같아서…"

딱 여기까지만 말하고 끝내면 된다.

몇 가지 사례를 통해 하지 말아야 할 말에 대해 알아봤다. 이외에도 일상에서 조심해야 할 말들은 무수히 많다. 여자 친구로부터 "오늘 친구랑 밥 먹어야 해"라는 전화를 받은 당신이 "누구랑 밥 먹는 거야?", "여자야? 남자야?", "걔를 왜 만나는 거야?"라고 캐묻는다면 최소한의 거리 유지도 못하는 사람임을 스스로 표현하는 셈이다. 사람에겐 만나고 있어도 섞이고 싶지 않을 때가 있는 법이다. 이를 알아차리는 것이 거리 감수성의 진수다. 제대로 된 거리를 유지하고 싶다면 당신의 거친 마음을 잠시 내려놓고 이렇게 말하라.

"응, 그래. 맛있는 거 먹고 잘 들어가."

"잘 생각했네. 오래간만에 즐거운 시간 보내."

사람에게는 각자 자기만의 방이 있다. 나의 방과 상대방의 방 사이에는 적정한 거리가 필요하다. 상대방의 방문에 귀를 대고는 그가 가르쳐주고 싶지 않은 것까지 알아내려고 애쓸 필요는 없다. 상대방의 방에 들어가고 싶다면 '똑똑똑' 노크를 한 후에 '들어오라'는 허락을 받았을 때, 그때야 비로소 문을 천천히 밀고 들어가야 정상이다. 이때 '천천히'가 핵심이다. 누군가와의 거리를 좁혀 나간다는 건 100m 달리기가 아니다. 긴 거리를 달려 반환점을 찍고 돌아오는 마라톤과 같은 일이다. 한 번에 모든 걸 알려고 애쓰는 대신 여유와 인내를 갖고 천천히 타인의 마음을 열어보자. 적절한 관계의 거리를 유지하도록.

자세히 알기 전에
절대 함부로
판단하지 말 것

'록산 게이Roxane Gay'라는 작가가 있다. 《헝거》라는 자전적 에세이에서 그는 열두 살 어린 나이에 성폭행 당했음을 밝혔다. 가해자는 당시 그가 좋아하던 남자 친구와 그 친구들 여럿이었다. 그가 고통 속에서 선택한 것은 '무거운 사람'이 되는 일이었다. 그 어떤 남자로부터도 욕망의 대상이 되지 않으려는 몸부림 속에서, 강간의 상처와 가능한 멀어질 수 있는 방법으로 선택한 것은 자신의 몸무게를 늘리는 일이었다. 그는 스스로 자신의 몸을 자신에게 가장 필요한 상태, 즉 안전한 상태로 만들겠다고 결심했다. 그의 표현에 의하면 '작고 연약한 배'가 아닌 '크고 묵직한 항구'와 같은 몸을 만들었다. 몸무게를 250kg까지 늘렸다.

솔직히 말해보자. 우리가 만약 그의 모습을 길거리에서 봤다면? '참, 자기 관리 못하는 사람이네. 어떻게 자신의 몸을 저렇게 엉망으로 만들어버렸을까?'라고 생각했을지 모른다. 더 이상 상처를 받지 않기 위해 세상과 거리를 두려는 그의 고통스러운 노력은 모른 채 자신의 시각에서 타인을 잘못 판단하는 오류를 범했을 테다. '잘 알지도 못하면서' 누군가를 판단하는 것만큼 건방지고 무식한 짓이 또 있을까. 상대방이 처한 특수한 환경을 모르는 상황에서 함부로 판단을 내리는 짓만큼은 지금 당장 그만둬야 한다.

나는 그런 의도로 한 말이 아니었지만 상대방은 그 말로 인해 거리감을 느끼고 또 서운하게 생각하는 경우도 있다. 30대 초반의 남성이 언젠가 나에게 이런 말을 해왔다. '별것도 아닌 일로 여자 친구와 다투게 되었다'고 말했다. 그날은 2년을 사귄 여자 친구의 생일이었단다. 나름대로 작은 선물을 준비해 전달했고 맛있는 저녁 식사를 함께했다. 좋은 날이었지만 그날은 마침 남성이 '디프레스depressed'된 날이었다. 직장을 다니던 그가 기안한 새로운 프로젝트는 보고의 과정에서 '리젝reject'되었다. 그 때문에 윗사람으로부터 한소리를 들은 터였다. 사랑하는 여자 친구와 있으니 웃고는 있지만, 회사에서 있었던 일로 마음이 무거웠다. 몸은 마음의 변화를 읽는다. 그래서였을까. 피로감을 느꼈다.

저녁 식사를 한 후 트렌디한 카페에서 커피 한 잔을 나누며 여자 친구의 밝은 이야기를 듣는데 자기도 모르게 말 한마디가 나왔다. "오늘, 피곤하지 않아? 가자. 데려다줄게." 여자 친구의 표정이 변했다. "응?" 하는 여자 친구의 얼굴이 일그러졌다. "아, 그래, 오늘 피곤한가 보네. 가자." 여자 친구 집으로 가는 택시 안에서 둘은 아무 말도 없었다. 그리고 며칠째 누군가로부터 시작되었는지 모를 냉전이 진행 중이다.

사실 그 둘은 사내 커플이다. 둘 다 내가 아는 친구들이다. 점심시간을 이용해 여자 친구를 불러냈다. "그런 일이 있었다면서? 뭔가 네가 오해를 하고 있다고 얘기하던데…." 나의 말을 끊고 이 친구가 말을 잇는다.

"알아요. 그날 회사에서 안 좋은 일이 있었다는 걸 다른 친구를 통해서 들었거든요. 제가 이해할 수도 있었겠죠. 하지만 그날 제가 서운했던 건 단지 '그만 집에 가자'는 말 때문만은 아니었어요. 제가 남자 친구인 그의 고민 하나 이끌어내지 못하는 사람이었나 하는 그런 부끄러움이 컸어요. 어려운 일이 있으면 서로에게 도움이 되는 사이가 되고 싶었는데…."

남자 친구의 말 그 자체에 대한 거리감보다는 남자 친구가 어려움을 함께 공유하지 않는 태도에 거리감이 더 컸다는 소리였다.

자신을 영혼의 상대방으로 생각하지 않는 것 같은 느낌에 뭔가 사이가 벌어져 있다고 생각했다는 거다. 이후에도 그 거리감은 다시 관계를 회복하는 데 있어 주저하게 만드는 틈으로 존재하게 됐다. 이런 걸 보면 관계는 참 어렵다. 가까이 다가가도 되나 싶어 다가가면 상대는 뒤로 물러서고 가까이 가지 못하고 물러나 있으면, 상대는 내게 거리감을 느낀다고 하니 말이다.

아끼고 사랑했던 친구로부터 "오늘만이라도 잠시 거리를 두고 지내자"라는 말 한마디를 듣게 되면 그것을 영원한 이별로 받아들이는 경우도 상당수다. 더 좋은 거리를 유지하고 싶은 마음에 잠시 관계의 휴식기를 갖고 싶다고 한 표현이 왜곡되어 전달되고 또 받아들여지면서 '나와 인연을 끊겠다는 거지?'라고 오해를 사기도 한다. 지나치게 밀착된 거리, 아니면 무작정 멀어진 거리에서 적절한 거리를 두자는 말은 상처받아야 하는 말이 아니다. 화를 내며 실망할 필요가 없다.

사실 사람과 사람이 만나 대화를 나누고, 정을 쌓아가며 관계를 지속하는 일은 꽤나 어려운 일이다. 거리를 잘 두고, 더 나아가 거리를 잘 좁힐 줄 알기 위해서라도 대화를 잘한다는 사람들의 화법을 배워야 한다.

무작정이 격려보다는
조용한 위로의
말 한마디를

서로의 마음을 위로하고 격려하는 대화보다는, 자신의 의견을 상대방이 무작정 받아들이게 하는 것이 능력으로 여겨지게 된 시대에 굳이 누군가에게 부담이 될 나의 말 한마디를 세상에 보낼 필요는 없다고 생각한다. 타인의 괴로움이나 고민에 대해서 '촌철살인의 말 한마디'를 해준다고 했다가 괜히 원수 취급받기는 더더욱 싫다. 지금은 세상을 떠난 고故 신해철 씨의 말이 생각난다.

"남의 고민에 경중을 판단하지 마라. 절대로 해선 안 되는 얘기다. '에이, 뭘 그걸 갖고 그래' 이런 말을 위로라고 생각하는 사람들이 있다. 주위에 힘들다고 얘기하는 사람에게 이렇게 말하면 안 된다."

신해철 씨는 자신과 상대방의 거리를 제대로 판단할 줄 아는 사람이었던 것 같다. 함부로 위로하지 말기, 함부로 도우려 들지 말기 등의 이야기는 나 또한 깊은 반성을 하게 만든다. 사실 나도 한때는 "야 인마! 세상에 너보다 힘든 사람이 더 많거든!"이라며 누군가의 고민을 낫으로 벼를 잘라내는 것처럼 쉽게 말한 적이 있었다. 아니, 많았다. 지금도 나의 입에서 툭툭 튀어나오는 '더러운 입버릇' 중의 하나임도 고백한다. 물론 이제 그러지 않으려고 조금씩 노력하는 중이다.

힘들어하는 누군가가 있다고 가정해보자. 그를 위해 "괜찮아. 모두 다 그렇게 살고 있어", "별거 아니네? 곧 나아질 거야"라고 말해주려 하는가. 그러지 말기를. 그건 그저 의미 없는 파이팅 권유일 뿐이다. 그렇다면 상처받은 사람에겐 어떻게 말을 해야 할까?

"너의 마음을 내가 알 수 있겠느냐마는
힘들고 고통스럽겠다."

무작정의 격려보다는 조용한 위로의 말 한마디가 상대방이 실연과 이별의 슬픔, 관계에서 얻는 피로의 고통 등을 극복할 수 있게 도와준다.

사이를
냉랭하게 만드는
"왜"를 조심할 것

'왜'라는 단어는 특히 조심할 필요가 있다. '왜'를 말하는 순간 거리는 냉정해진다. '왜'로 말을 시작하면 상대방의 생각에 대해 거리감을 표현하는 것처럼 보이게 된다. 물론 당신이 A라는 전문 분야를 연구하는 학자라면 A에 대해 끝없이 '왜'를 물어보는 게 맞다. 왜로 시작하는 질문은 탐색의 기회를 제공하니 말이다.

하지만 '왜'의 대상이 눈앞에 있는 사람이라면 '왜'로 시작하는 당신의 질문은 상대방의 잘못을 지적하는 느낌을 준다. 상대방이 당신을 향해 방어적일 수밖에 없게 된다. 좋은 관계, 적절한 거리를 위해서라도 누군가와 대화를 할 때 '왜'를 우리의 어휘 목록에서 삭제시키는 것도 괜찮은 방법이다. "무엇 때문에 화가 난 거지?", "무엇인가 너를 언짢게 하는 게 있었나 보네?" 등으로 말하면서 상대방과의 거리를 부드럽게 좁히면 좋겠다.

반면 세상에는 '왜'로 시작되는 질문조차 제대로 하지 못하는 사람들이 많다는 것도 안타까운 일이다. 언젠가 고부갈등이 생기자 시댁에 가는 발길을 2년간 끊어버렸다는 며느리의 얘기를 보게 되었다. 고부갈등은 '며느리 역할'을 제대로 하길 원하는 시어머니에게 며느리가 반발하면서 빚어졌다. 갈등은 시어머니가 그토록 좋아하는 손주를 며느리가 보여주지 않는 것에서 절정에 달한다. 며느리는 이 과정을 다큐멘터리 영화로 만들었다. 이 영화를 보고 공감한 수많은 여성들의 찬사가 쏟아졌다. 영화의 주인공인 며느리는 언론과의 인터뷰에서 이렇게 말했다.

"시댁 어른 누구도 제게 '왜 그렇게 화가 났니?'라고 묻지 않으셨어요. 그저 '어떻게 어린 며느리가 대들 수가 있냐?'며 가부장적 위계를 강요할 뿐이었죠."

_〈중앙일보〉, 2018. 1. 25.

여기서 잠깐, 우리는 앞에서 질문이란 '왜'가 아닌 '무엇 때문에' 혹은 '무엇인가'로 시작해야 한다고 배웠다. 그런데 인터뷰 속의 며느리는 '어떻게'로 시작하는 질문에 반발했고 '왜'라는 질문을 기대했다. 이건 도대체 어떻게 된 일일까. 이유는 간단하다. '어떻게'란 질문이 잘못 사용되었기 때문이다. "어떻게 어린 며느리가 대들 수가 있냐?"는 이미 상대방에 대한 판단을 포함한 질문이다. 이런 질문은 상대방에게 관심을 둘 기회를 주지 못한다. "무슨 일이 있었군요?", "어떤 생각이 드셨나요?"라면서 차분하게 접근하는 것이 보다 힘이 되는 질문이 아니었을까 생각해본다. 그나저나 "왜 그렇게 화가 났니?"조차 물어보는 사람이 없었다니 우리의 대화 환경은 질문의 방법조차 잘 모르고 있는 것 같아 안타깝다.

이 사례로부터 관계의 거리를 다시 생각해본다. 시어머니도, 며느리도 서로를 타인이라 생각하고 조심스럽게 대했다면, 그리고 설령 마음에 들지 않았을 때라도 꾸준히 노력했다면 얼마든지 거리를 좁혀나갈 수 있었을 것이다. 거리를 좁히기 전에 서로에게 편안한 적절한 거리를 생각했다면 손주를 그토록 보고 싶어 하는 시어머니가 2년간 손주를 볼 수 없었던 비극은 생기지 않았을 것이다. 결혼은 전혀 다른 가치관을 가진 사람들이 만나 타협하고 삶의 주기를 맞춰가는 과정이다. 이 과정에서 개입되는 관계자들은 서로 다른 상대방과의 사이에 적절한 거리가 있음을 인정하고 또 그에 맞추어 행동해야 한다.

거리를 적절하게 좁힐 줄 아는 사람은 "왜?"라는 말을 함부로 쓰지 않는다. 그들은 "너 왜 그때 그렇게 집에 일찍 가자고 한 거야?"라고 말하고 싶은 상황에서도 "그때 무슨 일이 있었지? 내가 걱정하지 않아도 되는 일이지?"라며 오히려 상대방의 마음을 헤아리는 말로 거리를 좁혀낸다고 한다.

누군가와 자꾸 거리감만 들고 전혀 좁혀지는 느낌이 없다면 혹시 말속에 '왜'라는 단어가 자주 포함돼 있지는 않았는지 스스로 생각해보자. 대신 '어떻게' 혹은 '무엇을'이라는 관점의 질문을 할 수 있기를 바란다. 이 관점은 상대방에 대한 판단을 유보하고 나와 상대방의 거리를 생각하는 관점이다. 상대방에 대한 공감도 거리감을 포함하고 있지 않으면, 거짓된 공감이고 쓸데없는 간섭이 되기 쉽다. 관계의 거리를 훼손해 상대에게 고통을 주는 바로 그 당사자가 나 그리고 당신이 되지 않았으면 좋겠다.

끝난 관계는
빠른 정리로
아름답게

자동차보험에 가입했다. 나름대로 베스트 드라이버라 꽤 할인도
받는다. '귀차니즘'이 강한 성격 탓에 십여 년 가까이 보험회사를
바꾸지도 않았다. 그런데 최근에 과감하게 교체하기로 결심했다.
이유는 다음에 소개할 에피소드 때문이었다.

그동안은 전화 상담을 통해 재가입을 하다 이번엔 좀 더 할인
이 된다고 하는 모바일 애플리케이션을 이용해 가입했다. 복잡할
줄 알았는데 쉬웠다. 무수하게 많은 동의와 선택 항목이 다소 귀
찮았지만 잘 끝냈다. 며칠이 지났다. 전화가 왔다. 낯익은 번호였
는데 자동차보험을 가입한 회사였다.

나: 네, 김범준입니다.

그: 여기는 고객님께서 자동차보험을 가입하신 OO 보험입니다.

나: 네, 무슨 일이시죠?

그: 고객님께서 가입한 자동차보험은 할인 적용이 잘되어 보험이 개시되었습니다.

나: 네, 감사합니다.

그: 그런데 자동차보험만으로는 사고와 관련한 벌금이나 형사합의 금 등을 지급하는 것에 문제가 있는 건 아시죠?

나: 네?

그: 저희 OO 보험에서 출시한 운전자보험을 이용하시면….

나는 직장인이다. 근무시간 중에 이런 전화를 받으면 짜증이 난다. "네, 한번 생각해보겠습니다"라고 말하며 서둘러 전화를 끊었다. 그런데 그 이후로도 전화는 시도 때도 없이 몇 번이나 더 왔다. 똑같은 멘트로, 다만 다른 목소리의 상담원으로부터. 그래서 결심했다. 수년간 가입하여 이용하던 자동차보험을 내년엔 다른 회사로 바꿔볼 거라고. 별거 아닌 작은 일이지만 '믿는 도끼에 발등 찍힌 기분'에 불쾌감이 컸다.

나는 보험회사를 믿고—믿는다는 건 나의 일상을 편하게 해준다는 의미도 포함된다!—가입을 했지만 그들은 나의 정보를 이용해―물론 깨알같이 적힌 마케팅 동의 항목에 오케이를 한 나의 잘못이 있음을 안다!―나의 기분, 나의 상황은 고려하지 않은 채 무차별적인 마케팅 전화를 해댔다. 나는 그들에게 접근 금지를, 아니 관계 금지를 선언했다. 고객과의 적절한 거리를 유지할 줄 모르고 함부로 전화를 해대는 마케팅 행태는 거리를 떼고 싶게 만든다.

나는 이제 이런 관계를 깔끔하게 끝낼 줄 안다. 질질 끌지 않는다. '언젠가는 이런 전화를 함부로 하지 않을 거야'라며 쓸데없는 미련을 두지도 않는다. 고객의 정보를 이용하여 추가적인 상품을 '업셀링up-selling' 하고 싶은 회사들은 제발 전화로 고객을 괴롭히는 일은 하지 않았으면 좋겠다. 요즘 고객들은 불편한 일을 겪으면 말 대신 행동으로 보여준다. 거리 그 자체조차 허용하지 않는다. 가장 무서운 고객은 불만을 얘기하는 고객이 아니라 불만을 느끼고 아무 말 없이 다시는 찾아오지 않는 고객임을 대한민국의 모든 기업들이 기억했으면 좋겠다.

남녀간의 관계도 마찬가지다. 한 여자가 한 남자를 만나 첫눈에 반했다. 급속도로 가까워졌다. 그러다 문득 멀어지게 되었다. 이렇게 됐을 때 이제 사람들은 미련을 두지 않는다. 한쪽이라도 싫어지면 헤어지는 것에 두려움을 느끼지 않는다. 이별에 따른 애도의 시간을 짧게 가져갈 줄 안다. 어떻게 보면 현명한 마인드다.

물론 사랑의 상처가 너무 깊어서 웬만한 애도로는 얕은 지혈조차 되지 못하는 경우가 많다. 그럼에도 불구하고 다시 사랑하고 다시 웃기 위해서 지금의 인연에 대한 기대를 접는 결심은 적절한 순간에 적절한 방법으로 진행되어야 한다. 이미 멀어져버린 관계임에도 '아니야, 다시 돌아올 거야', '다시 시작해 그를 평생 내 곁에 있게 할 거야'라는 기대를 품는 건 자신의 멀쩡한 마음만 파먹는 꼴이다.

떼어버려야 할 거리임이 명확하다면 떼어버려야 한다. 우리 인생에 여전히 남아 있는, 무수하게 많은 좋은 관계를 위해서라도 지저분한 과거의 인연으로부터 해방되자. 그리고 자신의 관계 탄력성을 건전하게 유지하는 데 힘쓰자. 떠나가버린 그와의 관계 회복을 기대하느라, 멀어져버린 거리를 다시 좁히느라 일방적으로 애만 쓰다가는 자기 마음 근육만 상한다. 그러니 누군가와 거리를 떼는 법, 일종의 '독립선언'의 기술은 갖추고 있어야 할 삶의 기술 중 하나다.

"헤어졌어", "그만뒀어", "끝났어"처럼 '관계 종료'를 선언하는 것에 두려움을 느끼지 말자. 냉정한 권유가 아니다. 확실한 경계를 갖자는 말이다. 멀어져버린 누군가에게 더 이상 미련을 갖지 않겠다는 말을 세상에 내뱉는 것만으로도 우리의 일상은 빠르게 회복되기 때문이다. 다만 누군가로부터 독립선언을 할 때에는 과거에 대한 투정을 포함시키지는 말자.

"그 친구가 내 친구와 눈이 맞아서 화가 났어.
그래서 헤어졌어."
"만나는 시간 내내 그의 모습 하나하나가 거지 같았어.
그래서 그만뒀어."
"도덕적으로 문제가 있었어. 그래서 끝났어."

이런 건 구차하다. 과거에 대한 부정적인 멘트 대신 '더 괜찮아
질 나'를 위한 미래의 모습을 말하는 게 훨씬 깔끔하다.

"좋은 친구가 생길 것 같아. 그래서 헤어졌어."
"내 분야를 새로 찾기로 했어. 그래서 지금 하는 일을
그만뒀어."
"훌륭한 선생님을 찾을 수 있을 것 같아. 그래서 지금
선생님과는 끝냈어."

늪에 빠졌다면, 그리고 그 늪이 그리 탐탁지 않은 관계의 늪이
라면, 빨리 빠져나와야 한다. 자신의 소중한 삶에 보다 집중할 수
있을 때 집중하는 것이 삶을 괜찮게 사는 방법이다. 관계의 거리

를 잘 유지하는 사람은 거리를 좁히고 멀리하는 것에도 타이밍을 잘 맞추어 진행할 줄 안다. 적절한 시간에 과감한 결단을 내리는 건 나의 미래를 위해서, 세상과의 관계를 위해서 바람직한 행동이다. 빠를수록 좋다. 빠를수록 아름답다.

최대한
긍정의 언어를
선택할 것

연인이 있다. 여자가 제안한다. "오늘 우리 영화관에 갈래?" 이를 들은 남자의 대답이 퉁명스럽다. "요즘 내가 좋아하는 스타일의 영화가 없는 거 몰라?" 설령 마음에 드는 영화가 없더라도 "그래, 한번 가보자. 마음에 드는 영화가 있으면 좋겠다"라며 긍정적으로 답변하는 게 예의 아닐까. 연인이라고 더 존중하지는 못할망정 어떻게 연인이라고 있는 정도 떨어지게 말한단 말일까. 그런 관계가 과연 건강한 것일까.

이런 만남은 발전은커녕 유지되기도 쉽지 않다. 누군가와의 관계가 늘 흐지부지 끝나고 있었다면 자신의 언어부터 되돌아보자.

늘 부정적인 언어로 꽉 채워져 있었던 건 아니었는지. 말투만 긍정적으로 바꿔도 세상이 우리를 보는 시선이 달라진다. 세상과 거리를 좁히는 가장 좋은 방법은 '말만이라도 예쁘게' 하는 것이다. 예를 들어보자. 당신은 한 회사의 임원이다. 경력 사원을 뽑기 위해 면접장에 들어가게 되었다. 두 명의 지원자가 경합 중이다. 면접 과정에서 아래와 같은 대화가 오고 갔다. 누구를 뽑겠는가.

면접관(당신): 직전 회사는 왜 그만두게 되었는지요?

지원자 A: 상사의 부정행위를 도저히 참을 수가 없었습니다. 조직의 분위기가 혼탁하다 보니 저 역시 일이 손에 잡히지 않을 정도였습니다. 물론 저는 최선을 다해서 일을 했고, 성과도 탁월했다고 자부합니다.

지원자 B: 제가 다닌 회사는 어려운 환경에서도 제가 발전할 수 있는 기회를 준 고마운 곳입니다. 좀 더 나은 저의 미래를 위해, 또 도전적인 일을 해보고 싶어서 그만두게 되었습니다.

지원자 A의 말이 사실이고, 지원자 B는 속마음을 숨긴 것이라고 해도 어쩔 수 없다. 당신은, 그리고 세상은 지원자 B를 뽑을 테니까. 긍정이란 건 자신이 다녔던 회사에 대해 아끼고 사랑하는 마음을 영원히 간직하고 있음을 밖으로 표현하는 것이다. 누워서 자기 얼굴에 침 뱉는 '표현'을 해놓고선 다른 사람이 자신의 '의도'를 좋게 봐줬으면 하고 생각한다면 그건 혼자만의 착각이다.

지난 시간들이 힘들고 어려웠더라도 긍정을 택하는 것이 옳다. 한 프로 골프선수는 자신의 '굿샷' 비결을 이렇게 말했다고 한다. "티샷을 실패했을 때 다음 장소로 이동하면서 '임팩트가 약했어. 절대 세컨드 샷에서 실수하지 말아야지'라고 생각하지 않는다. 오히려 이렇게 생각한다. '경치 좋다. 세컨드 샷은 어디로 보낼까?' 그게 나의 성공 비결이다." 일상에 굿샷을 날리고 싶은 우리들에게 하나의 교훈과도 같은 말이 아닐 수 없다.

내가 '아니다, 아니다'라고 말하는 그 순간, 될 것도 되지 않는다. 나의 성장은 딱 그만큼에서 멈춘다. 성장이 멈춘 나와 거리를 좁히고 싶은 사람은, 거리를 유지하고 싶은 사람은 없다. 그러니 당신과 당신의 주변을 긍정으로 메이크업하라.

예를 들어보자. 회사 동료들에게 당신이 진행하고 있는 프로젝트에 대해 말하고 있는 상황이다. 발표의 마무리를 어떤 말로 끝내고 싶은가.

① "프로젝트에 절대 실패하지 않겠습니다."
② "프로젝트에 성공해서 포상받을 겁니다."

②가 정답이다. 긍정의 언어를 선택하길 바란다. 당신의 동료와 선후배들은 당신의 성공을 위해 도와주려고 달려들 것이고 세상과의 거리는 긍정적으로 좁혀질 것이다. 부정의 언어를 포함한 ① 처럼 말하지 말자. 부정의 언어는 말하면 말할수록 확대된다. 다른 사람들에게 당신의 '불운'을 굳이 말하려는 바보가 되지 말았으면 좋겠다. 괜한 불길함을 스스로 입에 담을 이유는 없다.

자신의 입에서 사용하던 부정의 말을 알아차리고 이를 긍정의 말로 바꾸는 훈련을 해보는 것도 괜찮다. 세상과의 거리를 당신에게 우호적인 방향으로 좁힐 수 있는 해법이니 마다할 이유가 없다. 최악의 순간을 최고의 순간으로 만드는 커뮤니케이션 비법으로 작용할 수도 있다. 몇 가지 예만 들어보도록 한다.

말이 너무 많은 거 아니니?
… 어쩌면 그렇게 표현을 다양하게 하니.

뭘 그렇게 쫀쫀하게….
… 세심한 데까지 신경을 쓰는구나.

넌 너무 냉정해!
… 맺고 끊는 게 확실한 걸!

왜 이렇게 겁이 많아?

···▸ 넌 참 조심성이 많구나.

이외에도 늘 일상 속에서 긍정의 언어를 찾아보려는 노력을 해
보시길.

7장

말 한마디로
거리를 좁힌다

초면도
구면인 것처럼
편안해지는 말

처음 만나는 사람은 늘 어렵다. 그 사람이 만약 고객이라면 더욱 그러하다. 당신이 식당 주인이라고 해보자. 삼겹살을 전문으로 하는 식당을 운영한다고 할 때 가게를 방문한 사람들과 첫마디를 편하게 해줄 만한 슬기로운 팁 하나를 소개한다. 먼저 일반적인 다음의 사례를 보자.

남자 세 명이 저녁 무렵 가게 문을 열고 들어왔다. 종업원이 고객들을 자리로 안내하고 주문을 받는다. "삼겹살 3인분 주세요. 아, 소주 1병, 맥주 2병도요." 등을 돌려 주방으로 향하는 종업원이 "삼겹살 3인분이요"라고 말하곤 주류가 있는 냉장고 문을 열

다가 고객을 향해 고개를 돌린다. "맞다. 무슨 소주요? 무슨 맥주요?" 고객들도 자신들의 이야기를 하다 말고 서로를 쳐다보면서 우왕좌왕한다. "너 뭐가 좋아. 아니 맥주부터. 넌? 다르네? 소주는 그럼…" 말이 길어지고 또 다른 고객이 가게를 들어오면서 어수선해지기 시작한다.

고객과의 거리는 깔끔할수록 좋다. 위의 사례처럼 소주와 맥주를 주문받는 것에 불필요한 시간을 낭비할 이유는 없다. 한 식당의 벽면에 이런 안내문이 적혀 있는 것을 봤다.

"소주를 주문하실 때 '소주 주세요'라고 말하지 마시고 종류를 말씀해주세요."

현명한 멘트다. 두 번 말하는 것, 귀찮지 않은가. '소주를 주문할 땐 종류브랜드 명를 말해 달라'는 표현 하나만으로 고객이 두 번 말하는 번거로움을 해결해주며, 종업원이 두 번 물어보게 하는 귀찮음도 없애준다. 사람과 사람 사이의 거리를 잘 아는 지혜로운 소통법이다. 누군가와의 거리를 적절하게 좁혀나갈 수 있는 말들은 특히 처음 만나는 사람 사이의 관계를 편안하게 해준다.

남녀가 있다. 처음 만나는 자리다. 이때는 '내가 하는 말을 상대방이 못 알아들을 수도 있다는 사실'을 적극적으로 인정하려는 마음가짐이 요구된다. 그런데 상대방이 들을 준비도 되어 있지 않은 상황에서 막말을 함부로 하는 사람이 있다.

"여기, 예전에 만나던 남자 친구와 자주 오던 곳이었어요."

"오사카에 놀러 가신다고요? 작년에 여친이랑 2박 3일로 여행 갔었는데…."

"우리 모두 나이가 있잖아요. 결혼을 전제로 하고 나오신 거 맞죠?"

"예전에 만나던 남자, 엉덩이에 사마귀가 있었어요. 그게 그렇게 보기 싫더라고요."

자기 딴에는 솔직하게, 유머를 섞어서, 재밌게 얘기한다고 하는 것이지만 이는 상대방의 영역을 함부로 침범하는 말들일 뿐이다. '조크'라고 생각하는 당신의 말에 대해 상대방은 '처음 만나는 사람이 왜 이래? 내가 그렇게 만만하게 보이나?'라는 악감정을 갖게 될 수도 있다. 처음 만나는 관계라면 먼저 상대방이 자신의 주제를 던질 때까지 차분히 듣고 있다가 말이 나왔을 때 적당히 응대하는 것이 적절한 거리를 유지하는 방법이다. 설령 상대방이 자기 개방을 통해 자신의 약점을 이야기하더라도 절대 함부로 평가하거나 논하지 말고 오히려 고개를 끄덕이거나 조용히 리액션을 해주는 것으로 끝내는 것이 맞다.

비즈니스에서도 마찬가지다. 다른 회사를 찾아가서 이야기를 나누기 시작할 때 대뜸 용건부터 말하는 건 그리 추천할 만한 태도가 아니다. 그보다는 사소하지만 구체적인 화제를 들면서 대화를 시작하는 게 괜찮다.

"회의실이 이렇게 꽉 찬 걸 보니 회사가 바쁘게
돌아가는 것 같아요."
"차가 막혔어요. 사람도 많고. 이 동네는 활력이
넘치는 것처럼 보여요."

상대방에게 작은 것을 요청하며 대화를 시작하는 것도 지혜로운 방법이다.

"죄송하지만 휴대폰 충전을 부탁드려도 될까요?"
"물 한잔 마시고 싶은데… 컵 하나 얻을 수 있을까요?"

언젠가 한 직장인으로부터 이메일을 받았다. 질문 내용은 '새로운 프로젝트 때문에 다른 부서 직원들을 처음 만나게 되는데 어떻게 말을 시작해야 하는가?'였다. 자신이 속하게 될 태스크포스팀의 구성원 명단을 보니 한두 명 이름을 들었을 뿐 나머지는 모두 처음 듣고 보는 사람들이었다. 관계는 대화부터 시작된다고 하는데 그렇다면 처음 만나는 사람들과 도대체 어떻게 말을 시작할지 고민이 된다고 했다. 충분히 있을 수 있는 상황이다. 처음 만나는 누군가와의 대화는 늘 어렵다. 나의 첫마디를 어떻게 시작해야 그들과의 거리를 내가 원하는 거리로 만들 수 있을까. 나는 그분에게 이렇게 답장을 시작했다.

"첫마디는 상대방에게 넘기세요!"

먼저 말을 하려고 서두르다가 대화에서 실수한다. 말 한마디 더 하려고 애쓰기보다는 '그깟 첫마디' 정도는 상대방의 몫으로 넘기자. 섣부른 말 한마디 내뱉는 것보다 잘 듣는 당신의 귀 기울임이 오히려 대화 전반의 과정을 이끌어 나가는 힘이 된다. 누군가와 대화를 하는데 상대방이 듣는 둥 마는 둥 하면 얼마나 기분이 언짢은가. 그러다 툭툭 기분 나쁜 말로 끼어들기라도 한다면 어떤가. '이 분은 나와 대화하려는 생각이 없구나' 하는 생각이 들 것이다.

반대로 상대가 진심으로 마음을 다해, 몸까지 기울이면서, 나의 말을 들어주려고 하는 느낌을 받는다면 어떨까. '이 사람은 진심으로 나와 이야기를 나누고 싶어 하는구나'라는 생각에 흐뭇해진다. 대화를 계속 이어가고 싶은 이 기분 좋은 느낌이 바로 대화의 시작이며 관계의 거리를 좁히는 기본이다. '대화는 말하려고 하는 게 아니라 들으려고 하는 것에서 시작된다'는 말도 있는 것처럼, 더더군다나 상대방과 처음 만나는 상황이라면 더더욱 나의 말을 아끼도록 하자.

쓸데없는
싸움이 사라지는
'미사고' 대화법

점심때 식사를 위해 사무실 인근의 식당을 찾는 경우가 종종 있다. 그런데 언제부터인가 음식점에 들어서는 순간 들리는 소리가 개운치 않다.

"몇 명이에요?"

안다. 북적거리는 점심시간에 원활한 자리 배치를 위해서라도 사람 숫자는 중요하니 말이다. 하지만 대뜸 듣게 되는 '몇 명이냐?'는 질문이 그리 유쾌한 것만은 아니다. 내 돈 내고 내가 먹는 식당인데 최소한 기본적인 인사라도 받고 싶은 건 당연한 마음 아닐까. 언젠가는 퇴근길에 맥주 한잔을 마시고 싶어 세계맥주전

문점이라는, 다양한 맥주를 파는 곳에 들렀다. 그런데 자리에 앉기도 전에 내가 들은 말은 "뭐 마실 거예요?"라는 젊은 주인장의 질문이었다.

뭐, 내가 시대의 흐름을 못 따라가고 있는 것이라고 한다면 할 말은 없다. 그래도 음식점에서 손님들이 가장 먼저 듣고 싶은 말은 여전히 "어서 오세요"라는 인사가 아닐까. 반가움의 미소가 더해진다면 더할 나위 없이 좋고. 누군가와의 거리를 좁히고 싶다면, 그래서 자신이 원하는 거리로 만들고 싶다면 첫마디의 중요성 정도는 알아두는 게 어떨까. 물론 사람이 꽉 찼다고 대뜸 "나가서 기다리세요"라는 식당보다는 그래도 "몇 명이에요?"라고 묻는 게 훨씬 낫기는 하지만 말이다.

오직 식당뿐일까. 남녀간의 관계도 마찬가지다. 친밀한 균열을 일으키는 말을 함부로 하는 바람에 멀쩡한 관계가 깨지는 경우도 꽤 된다.

남자: 왜? 무슨 일이 생겼어?

여자: 응. 갑자기….

남자: 또… 넌 어떻게 너만 생각하니? 내가 너 만나려고 약속도 취
　　　소했는데.

여자: 말했잖아. 나도 어쩔 수 없는 일이라고.

남자: 뭐야, 왜 네가 화를 내는 건데?

여자: 내가 언제?

연인 중 한 명이 '갑자기' 일이 생겨 약속을 취소하게 됐다. 어찌 보면 아무것도 아님에도 불구하고 이 작은 문제가 커져서 그 좋던 관계를 엉망으로 만들기도 한다. 위의 커플 역시 마찬가지다. 얼마든지 일어날 수 있는 약속 취소 등의 문제로 감정이 격해졌다. 결말은 어떻게 끝날까. 이런 대화들이 쌓이고 쌓이면서 결국 '영원한 안녕'으로 끝나지 않을까. 같은 상황이라도 관계의 거리를 잘 유지할 줄 아는 커플의 대화 장면은 다를 것이다.

남자: 어? 오늘 우리 못 보는 거야?

여자: 응, 미안해. 보고 싶었는데.

남자: 너만 나 보고 싶겠니. 너무 보고 싶어서 있는 약속 없는 약속
　　　　모두 취소했는데.

여자: 말했잖아. 미안하다고, 나도 어쩔 수 없는 일이라고. 그래도
　　　　보고 싶다.

남자: 나도. 사랑해.

여자: 나도. 고마워.

처음 한마디가 중요하다. 첫마디를 '예쁘게' 하면 연인간의 웬만한 문제는 문제가 아니게 된다. 이 커플에게서 배운 관계의 거리를 좁히는 대화의 기술을 '미사고 기법'이라고 외워두면 좋겠다.

1단계: 미안해.

2단계: 사랑해.

3단계: 고마워.

연인 관계뿐일까. 직장 내 상하 관계든, 부모와 자녀 관계든 모든 관계에서 활용할 수 있다. 사이가 좋은 커플과 사이가 좋지 않은 커플은 '미사고' 중 몇 개를 대화 속에서 사용하느냐에 따라 갈린다. 다툼이 일어났을 때 "미안해"라고 먼저 사과를 하고, 그 사과 속에 사랑의 마음이 있음을 알려주고, 상대방의 이해에 "고마워"라는 말을 하는 사람에게 험한 말로 대꾸할 사람은 세상에 없다.

우리는 흔히 '사랑싸움'을 '사랑하는 사람 사이에서 흔히 일어나는 다툼' 정도로 생각한다. 아니다. '사랑싸움'이란 '싸움이 일어나야 마땅함에도 사랑으로 인해서 싸움이 되지 않는 것'을 뜻한다. 제대로 '사랑싸움'을 벌일 줄 아는 사람들은 싸우는 그 중간중간에 '미사고'를 사용할 줄 알기에 쓸데없는 싸움으로 발전시키질 않는다.

"화가 나지만 미안해!"
"짜증 나는데 사랑해!"
"속상하지만 고마워!"

다툼이 일어나는 그 사이사이에도 '우리는 여전히 사랑하는 사이'임을 절대 잊지 않는다. 그리고 그것을 자신의 입으로 표현할 줄 안다. 그렇게 그들은 거리를 좁혀 나간다.

실패담
잘 말해주는
예쁜 선배

퇴근을 했다. 에스프레소가 생각났다. 회사 앞 작은 카페에 갔다. 마키아토를 주문했다. 점원이 자리로 가져다준다고 했다. 5분쯤 지났을까. 작은 쟁반을 내밀며 마키아토를 가져다준 분이 머뭇거리며 말했다. "죄송해요. 제가 아직 미흡해서… 하트가 모양이 안 예쁘네요." 우유 거품 위에 그려진 하트가 눈에 들어왔다. 살짝 찌그러져 있었다. 마음이 따뜻해졌다. "아닙니다. 너무 좋습니다. 고맙습니다." 집으로 돌아가는 길의 공기가 유난히 상쾌했다. 누군가의 말 한마디로 나는 마음이 편해졌다. 즐겁고 기뻤다. 나도 이런 말들을 세상에 많이 퍼트려야 하는데… 세상의 거리는 말 한

마디만으로도 가까워질 수 있음을 우리는 알고 있다. 그런데 이 좋은 말들을 아낀다. 아니 잊고 살아간다.

한 기업체에서 강연을 하게 되었다. 강연 도중 이런 질문을 받았다.

"저는 이제 조직에서 나름대로 자신의 역할을 하는 입사 5년 차의 대리입니다. 제 밑으로 신병, 아니 신입 사원이 내일 새로 옵니다. 점심시간 때 신입 사원과 처음으로 자리를 하게 될 것 같습니다. 요즘에는 윗사람보다 아랫사람과 대화하는 것이 더 어렵다는 말들이 많지 않습니까. 어떻게 대화를 이끌어 가야 새로 만날 후배에게 좋은 이미지를 심어줄 수 있을까요? 어떻게 말해야 어색한 환경에 당황해할 그 친구와의 거리를 좁힐 수 있을까요? 저를 바라보고 있을 팀장님에게도 리더십 있고 호감 있는 구성원으로 보이고 싶은 마음도 있습니다."

나는 이렇게 대답했다.

"축하합니다. 처음으로 하게 된 회식 자리. 해주고 싶은 말이 많아도 너~무 많을 겁니다. 충고도 해주고 싶고, 격려도 하고 싶고, 때로는 따끔한 질책도 하고 싶을 테죠. 그런데 잠시 여유를 두는 건 어떨까요. 무슨 말을 하려고 애쓰지 마십시오. 대신 내일 하루만이라도 상대방인 신입 사원의 입에서 어떤 말들이 나오는지 잘 들어주면 어떨까요. 말을 하지 않으면 하지 않는 대로, 하면 하는 대로 잘 들어주는 모습을 보여주세요. 만약에 꼭 무슨 말인가 해주고 싶다면 질문하신 분께서 그동안 회사에서 겪었던 '실패담'을 아낌없이 말씀하는 것으로 시작하십시오. 선배의 진솔한 실패담과 또 그것을 극복해낸 이야기만큼 신입 사원의 마음을 풀어주고 거리를 가깝게 해주는 소재도 없으니까요."

'밥 잘 사주는 예쁜 누나'보다 '실패담 잘 말해주는 예쁜 선배'가 되기를 바란다. 공감은 실패를 얘기할 때 얻을 수 있다. 은퇴 후 어쩌면 더 인기가 좋은 것 같은 박찬호 선수의 얘기도 비슷하다. 메이저리그 통산 124승이라는 빛나는 기록을 지닌 그는 지금 강연장에서 유명 강사로도 활약하고 있다. 그런데 그의 강의, 인기 만발이란다. 그는 자신의 인기 비결을 한 언론과의 인터뷰에서 이렇게 말했다.

"강연에서는 내가 왜 부진했고 어떻게 이겨냈는지 말한다. 그것에 청중이 더 잘 집중한다. 이제 나를 괴롭혔던 것들에 감사한다. 사람들에게 에너지를 북돋우고 위로와 용기를 줄 수 있는 사례가 되었으니까."

성공담보다 실패담에 집중하여 사람들과 소통하는 방법을 알고 있는 박찬호, 운동도 잘하고 강연도 잘하고, 정말 '엄지척'이다. 성공할 만큼 성공한 박찬호가 잘난 척을 한다면 과연 사람들이 그의 말에 귀를 기울일까. 실패를 말할 줄 알기에 사람들은 더욱 박찬호의 말에 집중하는 것 아닐까.

실패를 말하는 건 일종의 '칭찬받을 만한 솔선수범'이다. 잘난 척을 하는 건 '짜증 나는 오지랖'이고. 솔선수범은 자신의 실패를 겸허하게 인정하고 반성하는 것에서, 쓸데없는 오지랖은 묻지도 않는데 가르치려 드는 것에서 시작된다.

오지랖이라는 단어를 말하니 한 가지 생각나는 게 있다. 혹시 클래식 공연장에 가보신 적 있으신지. 나는 워낙에 클래식에 문외한이라 몇 년에 한 번 갈까 말까 하지만 갈 때마다 왠지 모를 부담감이 있는 건 사실이다. 그중에 하나가 '언제 박수치느냐?'에 관한 거다. 연주를 들으면 도대체 언제 박수를 치는 게 맞는지 도대체 모르겠다. 알고 보니 클래식의 경우 악장과 악장 사이의 잠시 멈춤이 있는 때에는 박수를 치면 안 된단다. 나는 그냥 그런가 보다 하고 절대 먼저 박수를 치지 않고 남들이 박수를 한참 칠 때 그때야 비로소 박수를 치곤한다.

그래서 누군가 박수를 치기 시작하는 사람을 보면 고맙기도 한데 언젠 귀에 거슬리는 박수를 들은 적이 있다. 내 자리 바로 뒤쪽에 계시던 남자분이셨는데 한 악장이 끝나자마자 앞에 있던 내가 깜짝 놀랄 정도로 박수를 '꽝꽝꽝!' 쳐대는 게 아닌가. 뭐,

나야 잘 모르니 그냥 따라서 조용히 박수를 칠 수밖에 없었지만 한편으론 조금 불쾌했다. 그 박수 소리는 '음악이 저에게 큰 위안과 감동을 줬습니다'라며 연주자에게 보내는 것이 아니라 주변의 청중들에게 '너희들은 이거 언제 끝나고 언제 시작하는 거 모르지?'라며 으스대는 것 같은 느낌이었기 때문이다. 그래서 이런 박수를 '안다 박수'라고 부르기도 한단다. '이 어려운 곡을 내가 잘 알고 있음을 과시하려고 치는 박수'라는 의미인데 나는 이를 '오지랖 박수'라고 이름 붙이고 싶다.

누군가를 변하게 하고 싶다면, 누군가와 함께 감동을 나누고 싶다면 '넌 이것도 몰라?'라는 '안다 박수'혹은 오지랖 박수'보다는 '우리 이제 응원해줄 때가 되었는데… 함께하실래요?'라며 정중하게 상대방을 초대하는 '솔선수범 박수'를 보내려고 노력하는 게 어떨까. 누군가가 실수를 하고 있다면 '네 잘못은 바로 이거야!'라고 윽박지르는 대신에 '나도 힘들고 어려웠어. 그래서 실패했고…'로 시작하는 공감의 언어 한마디가 훨씬 낫지 않을까. 아름다운 관계는 솔선수범, 그리고 공감의 말과 행동으로부터 시작된다.

같은 말도
듣기 좋게
말하는 법

하루는 이런 이메일을 받았다.

From: 김고민

To: 김범준

Cc:

Sent: 2017-06-21 (수) 17:43:04

Subject: 문의) 조직 내에서 선배의 어려움… 문의

안녕하세요?

김범준 님의 책을 정독한 사람입니다~^^

회사 생활을 하다 보면 답답한 경우가 있잖아요.

이럴 경우에는 어떻게 대처해야 하는지… 궁금합니다.

〈현재 상황〉

1. 회사: 교육컨설팅업체

2. 직급: 대리

3. 팀 분위기: 부장님이 갓 입사한 친구들의 기획서는 곧바로 보고를 받지 않으십니다. 저와 같은 선배들에게 1차 컨펌을 받고 보고를 받으십니다. 신입 사원의 기안 내용이 마음에 들지 않으시면 사수인 저를 불러 한소리 하세요.

4. 상황: 제가 신입 사원에게 기획서 작성법 등을 코칭해주는 과정에서 그 친구에게 감정이 쌓였나 봅니다. 저는 나름대로 돌려서 좋게 말하려고 애쓰고 있는데 말이죠. 오늘 일이 터졌거든요. 그 친구의 기획안에 대해 "방향을 이렇게 해서 수정해서 다시 보여줄래" 했더니 선배가 원하면 일단 원하는 대로 계획서를 수정하겠지만 자신은 원래 작성한 기획서가 맞다고 생각한다네요.

5. 요청: 어떻게 해야 할까요. 요즘 친구들은 자기주장이 강하니 함부로 대하다간 큰일 날 것 같고. 솔직히 말하면 저 역

시 후배의 기안을 봐줄 시간도 없는데 이게 무슨 일인지. 선배가 시간을 할애해서 도와주는데 감사는커녕 오히려 기분 나쁘다는 표정이니 저도 화가 나더라고요. 어떻게 대처하는 것이 맞는 걸까요? 답답한 마음에 이렇게 메일로 도움을 요청합니다. ㅜㅜ

나는 바로 아래와 같은 이메일을 보냈다.

From: 김범준

To: 김고민

Cc:

Sent: 2017-06-24 (토) 20:35:02

Subject: 참조만) 이렇게 한번… 답장

김고민 님, 안녕하세요.
김범준입니다. ^^
부족한 저에게 이렇게 문의를 주시니 감개무량할 따름입니다. 조금이라도 참조하실 수 있도록 제 의견을 조심스럽게 보내 드립니다.

《논어》라는 책에서 이런 말을 본 적이 있습니다.

"아무리 좋은 말이라도 상대방에게 충고하는 방법이 잘못되면 오히려 친구를 잃고, 임금으로부터 버림받는다."

도와주려고 하는 김고민 님의 말이 후배에겐 듣기 싫은 말이었나 봅니다. 그래서 오히려 거리감을 느끼게 된 것 같고요. 시간과 여유가 있다면 그 후배의 마음을 찬찬히 들여다보면서 차근차근 이야기를 전개해 나가면 좋겠지만 일과 시간에 허덕이는 김고민 님이나 새로운 회사에 입사하여 허둥대는 그 후배님에게도 마음의 여유가 없을 테니 만만치는 않을 것 같습니다. 그래도 다시 기회가 생긴다면, 김고민 님의 자리에 제가 있게 된다면, 후배와의 거리를 줄이면서도 서로의 성장과 발전에 도움이 될 수 있도록 기획안에 대해 코칭을 할 때 아래와 같이 한번 시도해보겠습니다.

1단계: 죄송스럽지만, 책임을, 팀장님 탓으로 돌립니다.

"후배님의 기획안을 팀장님께 보여드렸더니 이런저런 지적을 하시더군요. 제가 생각할 때는 충분히 괜찮다고 생각했는데 말이죠."

2단계: '공감하는 척'이라도 합니다.

"후배님처럼 저 역시 예전에 팀장님께 이런저런 지적을 당했죠. 그거 고치느라 힘들었어요. 후배님처럼 말이에요."

3단계: 이제 하고 싶은 말을 합니다.

"그때 팀장님이 말씀하신 내용을 참조해서 이렇게 저렇게 기획안을 수정해서 올렸었죠. 그랬더니…"

4단계: 하라는 대로 하면 결과가 좋을 것을 말해줍니다.

"그제서야 팀장님이 '오케이' 하시더라고요."

5단계: 다시 한 번 그것의 어려움을 공감해주세요.

"저 역시 몇 번을 거절당했는지 몰라요. 힘드시죠? 후배님의 마음, 저도 충분히 느껴집니다. 조금씩 좋아질 겁니다."

후배를 생각하는 마음이 가득한 김고민 님! "나는 이렇게 잘했어!"가 아니라 "나도 그렇게 못했어"로 말을 시작해보세요. 후배의 기획에 대해 김고민 님의 직접적인 지적보다는 실패 경험과 극복기를 차분하게 말해주십시오. 믿고 답답한 후배와 어느새 거리감이 사라진, 말투에 따라선 거리가 좁혀진 김고민 님을 발견하게 될 것이라 생각합니다. 답변이 되었는지 모르겠습니다. 그저 참조만 해주십시오. 고맙습니다.

같은 말이라도 이왕이면 듣기 좋게 말하자. "나도 그렇게 못했어"라는 공감의 말 한마디가 다가가기 혹은 나에게 다가오기 어려운 상대와의 거리를 좁혀준다.

관계를
유연하게 만드는
아버지의 고백

이번엔 한 중년 남성이 들려준 이야기다.

늘 느지막이 집에 들어오시는 아버지와는 사춘기를 지날 무렵부터 서먹해졌다. 아버지는 조용하셨지만 엄격하셨다. 가까이 다가설 수도 없었고 또 언젠가부터 가까이 다가오는 것도 어색했다. 고등학교 때였을 거다. 술을 한잔 걸치고 오신 아버지가 그를 불렀다. "요즘 어떻게 지내느냐", "공부는 잘되어 가냐", "동생에게 잘해줘라" 등의 말들이 지루하게 이어졌다. 그 자리를 벗어나고 싶은 마음에 퉁명스럽게 답했다. 그의 대답하는 태도가 마음에 들지 않으셨나 보다. 아버지가 화를 버럭 내셨다.

"어른이 말하는데 어떻게 이렇게 퉁명스러울 수 있느냐!" 평소라면 "죄송해요"라고 했겠지만 그때는 왠지 화가 났다. "며칠 후에 있을 기말시험 준비 중인 저를 왜 갑자기 불러서 술주정이세요. 그리고 그동안 얼마나 제게 말을 거셨다고 갑자기 왜 이러시는 거예요!"라고 말했다. 아버지는 놀란 눈으로 "그만 가봐라"라고 말씀하셨고, 그는 방에 들어와 문을 '쾅' 하고 닫았다.

그리고 며칠이 지난 것 같다. 학교에서 자율학습을 마치고 늦게 집으로 돌아왔다. 집이 조용했다. 그날따라 보충수업이 늦게 끝났고 또 친구들과 늦은 야식을 먹느라 꽤 늦었던지라 이미 아버지, 어머니, 그리고 동생 모두 잠들어 있었다. '휴' 하는 한숨을 쉬고 방에 왔다. 아침에 채 정리하지 못하고 나간 책상 위의 책을 치우려는데 작은 종이 하나가 보인다. '뭐지?' 하고 펴보니 오랜만에 보는 아버지의 글씨였다.

"엊그제, 아빠가 잘못했다. 너의 상황을 잘 몰랐다. 오늘 시험은 잘 봤는지 모르겠다"라는 말로 시작된 편지였다. 글은 계속되었다. "그때 말해줘서 고마웠다. 아빠는 너의 말로 조금 변할 수 있었다. 변화할 수 있는 선택권을 내가 갖고 있었는데도 잊고 있었던 것 같다. 이제 더 이상 남 같은 아빠가 되지 않도록 노력하겠다."

아버지가 가깝게 느껴졌다고 했다. 오랜만에. 그건 그 편지와 함께 끼워져 있던 몇 만 원의 돈 때문만은 아니었던 것 같다. 부모와 자녀의 거리는 어떻게 멀어지며 또 어떻게 가까워지는 것일까. '자녀의 이야기에 귀 기울이는 아버지'와 '자기 말만 하는 타인' 중에서 아버지가 어떤 선택을 하느냐에 따라 부모와 자녀의 거리는 멀어지기도 하고 가까워지기도 한다. 대화란 오만한 자기주장이 아니다. 상대방의 연약함을 인정하고 그 연약함에서 나오는 말 한마디에 귀를 기울이는 것이 아름다운 대화를 위한 전제 조건이다. 자녀의 입장도 마찬가지다. '아버지의 마음을 읽어내는 아들'과 '자기가 듣고 싶지 않은 것은 듣기조차 거부하는 타인' 중에서 어느 것을 선택하느냐에 따라 부모와의 거리를 좁힐 수도 혹은 떨어뜨릴 수도 있다.

때로는
감탄사로
거리를 좁힌다

중국은 고대 왕국 때부터 왕 옆에 사관을 두어 왕의 행동과 언어를 기록했다. 《서경》은 중국 고대 왕조의 왕과 신하의 대화를 담은 책이다. 이 책에는 중국에서 가장 이상적인 정치가 베풀어졌던 태평성세의 때에 최고의 군주로 추앙받는 왕 중 하나인 요임금이 등장한다. 요임금이 신하들과 나누는 대화가 《서경》에 나오는데 그 분위기가 흥미롭다.

요임금: 누가 내 자리를 물려받을 수 있을까요?

신하 1: (임금님의) 첫째 아들인 주朱가 똑똑합니다.

요임금: 아! 하지만 그 아이는 성실하지 못하고 말이 앞섭니다.

요임금: 누가 내 자리를 물려받을 수 있겠습니까?

신하 2: 공공共工이 민심을 얻고 있습니다.

요임금: 아! 그 아이는 말은 잘하나 행동이 말을 따라가지 못합니다.

신하가 자신의 맏아들이 후계자로서 손색이 없다고 말함에도 한사코 그의 부족함을 들며 왕위 계승을 사양하는 요임금의 겸손은 볼 만하다. 하지만 중요한 것은 그 대화의 모습에 있다. 한글로 옮기는 과정에서 '아!'라고 표현한 부분은 원문에서 한자가 '오於', '도都', '자咨' 등으로 다르게 표기되어 있다. 모두 감탄사다. 의미를 따지자면 '아하', '아, 그렇군!', '와우', '그래 맞아!' 등이다.

요순시대 최고의 임금 중의 하나가 바로 요임금이다. 그런데 그는 신하들의 말이 끝날 때마다 일단 감탄부터 하고 본다. 그것도 '오버'스러울 정도로 말이다. 감탄을 일단 해주고 나서야 비로소 신하의 의견과 다른 자신의 생각을 말한다. 요임금의 리액션은 아마 임금과 신하의 관계 거리를 대폭 좁혀줬을 것 같다. 요순시대의 리더들은 상대를 향한 예의와 존중, 심지어 '과잉 감탄'이 커뮤니케이션의 기본이었나 보다.

감탄, 중요하다! 감탄은 자기감정을 드러냄으로써 관계의 거리를 좁히는 수단이 된다. 그런데 우리는 언젠가부터 자신의 감정과 생각을 드러내는 것에 주저한다. 대신 상대방의 감정과 생각을 함부로 재단하여 말하는 것에 익숙해졌다. 그래서 거리가 멀어지곤 한다. 예를 들어보자.

"난 너하고 오늘 저녁에 영화를 보러 가고 싶어."
"난 지금 회사에서 있었던 일로 좀 피곤해 있어."

어떤가. 상대방이 하는 이런 말을 들었다고 해보자. 별다른 거부감이 들지 않는다. 자신의 상태를 아낌없이 표현하면 상대방도 이해하기 쉽고 또 이를 통해 친밀감을 느낄 수 있다. 그런데 우리는 자신의 감정을 말하지 않는다. 대신 이렇게 말해버린다.

"넌 내가 지금 뭘 하고 싶어 하는지 관심도 없지?"
"내 얼굴이 피곤하다고 말하지 않아?
왜 너는 매번 너만 생각해?"

상대방의 말과 행동으로 모든 문제의 원인을 돌린다. 이렇게 관계의 거리를 깨트린다. 다시 요임금의 대화로 돌아가 보자. 요임금은 신하가 "임금님의 아들이 똑똑합니다"라고 말했을 때 "아니 여

보쇼. 걔는 똑똑하기만 하지 성실과는 담을 쌓은 놈이요. 말만 번드르르한 거, 모르는 거요? 신하가 이 모양이니… 에구, 내 팔자야!"라고 말하지 않았다. 대신 감정을 드러내고—그것도 감탄으로!—다음엔 자신의 의견을 있는 그대로 말한다. 그는 대화를 할 줄 아는 사람이었다. 좋으면 좋다, 싫으면 싫다고 말할 줄 알았다. 무작정 자신의 얘기만 하는 게 아니라 감정까지 솔직하게 드러낼 줄 알았다. 그렇게 상대방과의 거리를 좁힐 줄 알았다.

우리는 그동안 어떻게 말해왔는가. 나의 감정, 나의 감탄을 보이는 대신 "넌 말이지…", "내가 참고 있는 거 안 보여?", "네가 먼저 그랬잖아"라며 고통과 책임을 상대방에게 돌리고 있지는 않았던가. 결국 '피해자는 없고 가해자만 있는 대화'에 익숙해져버린 우리들, 세상과의 거리가 멀어지고 있었던 것에는 모두 이유가 있었던 거였다. 각박한 현실에서 우리는 자신의 이익에 집중하느라 상대에 대한 존중을 놓쳤다. '존중받고' 싶어 하기만 했지 그만큼 상대방을 존중해야 함은 잊어버리고 있었다. 고백하자면 나 역시 그랬다. 누군가의 말에 감탄할 줄 몰랐다. 깎아내리는 말에는 일가견이 있었지만 "와우, 대단한 걸!", "잘했어. 멋지다!"라는 표현을 하는 건 극도로 어색해했다.

우리의 주변에서 떠돌아다니는 말들을 한번 떠올려보자.

"초등학생도 아니고 어떻게 그런 생각을 하니?"

"너만 힘드니? 나도 힘들어."

"하라면 해야지. 왜 이렇게 말들이 많아."

"당신, 잘못될 줄 알았어."

감탄이 아니라 저주, 깎아내림, 비판의 언어들이다. 나의 말하기에만 신경을 쓰느라 정작 사람을 놓치는 우를 범하고 있었다. 대화의 현장에서 나와 상대방의 거리를 좁히는 기술은 상대의 말과 행동에 대한 이해와 인정 그리고 감탄이 최고임을 알면서도 그렇게 하지 못했다. '입에서는 좋은 말도 나오지만 전쟁을 일으키는 말도 나오는 법이다'는 말이 있다. 누군가와 다투지 않으려면, 누군가와 적절한 거리를 유지하려면, 더 나아가 관계를 가깝게 하고 싶다면 이제 우리의 말은 이렇게 바뀌어야 한다.

"와우! 그렇구나! 내가 생각한 것과 약간 다르긴 한데…
같이 한번 생각해보자."

"아하! 네가 지금 어려움을 이겨내고 있구나.
나도 언제가 비슷한 문제가 있긴 했어. 들어볼래?"

"아, 미안해! 갑자기 내가 무리한 부탁을 했네?
나도 갑자기 소식을 들어서 그랬어."

"그렇구나! 언젠가 더 좋은 일이 있겠지!
내가 도울 일 있으면 언제든지 말해줄래?"

BEFORE,
헤밍웨이가 가르쳐준 것

예전에 나는 사람들이 왜 선글라스를 끼는지 이해하지 못했다. '꾸미기 귀찮으니 커다란 선글라스로 가리려는 거지, 뭐'라고 생각했다. 하지만 이젠 그렇지 않다. 솔직한 마음으로는 온종일 선글라스를 쓰고 다니고 싶다. 공적인 공간에서라면 더더욱. 누군가의 시선으로부터 자유롭고 싶기 때문이다. 함부로 나를 쳐다보며 제멋대로 판단하는 누군가가 불편하다. 물론 필요할 땐 선글라스를 흔쾌히 벗을 것이다. 내 마음을 알아주는 선후배와 이야기할 때, 나와 취미를 공유하는 동료들과 함께할 때, 내가 가장 사랑하는 가족, 그리고 친척들과 마음 편한 대화를 나눌 때, 그 시간 동안엔 얼마든지 선글라스를 벗고 서로의 눈을 바라보면서 거리를 좁히고 대화를 나눌 것이다. 그런 사람들을 주변에 많이 두기 위해서라도 나의 영역을 무례하게 침범하는 사람들과는 철저히 거리를 두려 한다.

지하철을 타고 출퇴근을 한다. 그런데 언제인가부터 지하철이 편안해졌다. 아마 서로에게 신경을 쓰지 않는, 그 막연한 무심함이 편안함으로 다가왔기 때문이리라. 모두들 각자의 스마트폰에 빠져서 자신들의 앞과 뒤, 그리고 좌와 우에 누가 있는지에 관심 없는 모습이 오히려 나에겐 여유로움으로 다가온다. 나만의 영역을 마음껏 누릴 수 있는, 하루 중 얼마 안 되는 소중한 시간 중의 일부다. 나는 그 편안함을 더 즐기기 위해 애를 쓴다. 퇴근하고 바로 집에 가지 않고, 회사 앞 카페에 가서 탄산수 한 병을 시켜놓고 시간을 보낸다. 그러고 난 뒤 지하철의 좌석이 듬성듬성 빌 때쯤 비로소 탑승한다. 나와 누군가의 거리를 지키기 위해서.

나에겐 최소한으로 지키고 싶은, 함부로 세상에 내어 보이고 싶지 않은, 나만의 영역이 있다. 그런데 일상이 어디 그리 호락호락하게 흘러가는가. 지키고 싶은 나만의 영역을 누군가가 성큼 침범해 엉망으로 만들어놓을 땐 영혼마저 혼란해진다. 그 누군가는 친구일 수도 있고, 가족일 수도 있으며, 회사의 선배나 후배 혹은 첫 대면하는 상대일 수 있다. 어쨌거나 그들은 문득 나에게 다가와 나의 영역에 고개를 디밀어 집어넣고는 낄낄대다 떠난다. 예전에는 무방비로 당했다. 하지만 이제 나는 그들에게 정중히, 하지만 단호하게 말할 수 있다.

"거리를 지켜주시겠습니까?"

유명한 사람의 명언, 멋진 말이긴 한데 고개가 갸우뚱할 때가 있다. 이 말은 왜 한 걸까. 어떤 이유로 한 걸까. 맥락 없이 덜렁 한 줄 남겨진 명언은 박제된 비둘기 같아서 그저 그렇다. 그럼에도 불구하고 가끔은 명언 그 자체에 고개를 끄덕이기도 한다. 어니스트 헤밍웨이Ernest Hemingway의 명언도 그렇다.

Before you act, listen당신이 행동하기 전에 들어라.
Before you react, think당신이 반응하기 전에 생각해라.
Before you spend, earn당신이 쓰기 전에 벌어라.
Before you criticize, wait당신이 비난하기 전에 기다려라.
Before you pray, forgive당신이 기도하기 전에 용서해라.
Before you quit, try당신이 그만두기 전에 노력해라.

적절한 거리를 둔다는 건 행동하기 전에 듣는 것이고, 반응하기 전에 생각하는 것이며, 비난하기 전에 기다리는 것, 바로 그런 것 아닐까. 나 스스로에게 먼저 질문해본다. '나는 지금 그 누군가와 어떤 거리를 두고 있는가. 어떻게 거리를 조절하고 있는가. 어떻게 거리를 유지하고, 어떻게 거리를 멀리하며, 어떻게 거리를 좁혀가고 있는가.'

이제 나는 나를 피곤하게 만드는 것들과 적절한 거리를 두는 것을 방해하는 그 어떤 것과도 절대 타협하지 않을 것이다. 내가 사랑하는 것들과 더 가까운 거리를 만들기 위해서라도.

나를 피곤하게 만드는 것들과
거리를 두는 대화법

초판 1쇄 인쇄 2019년 3월 15일 초판 1쇄 발행 2019년 3월 22일

지은이 김범준
펴낸이 연준혁

출판1본부 이사 배민수
출판2분사 분사장 박경순
책임편집 선세영
디자인 하은혜
일러스트 황정호

펴낸곳 (주)위즈덤하우스 미디어그룹 **출판등록** 2000년 5월 23일 제13-1071호
주소 경기도 고양시 일산동구 정발산로 43-20 센트럴프라자 6층
전화 031)936-4000 **팩스** 031)903-3893 **홈페이지** www.wisdomhouse.co.kr

값 13,800원 ISBN 979-11-89938-47-5 03320

• 인쇄·제작 및 유통상의 파본 도서는 구입하신 서점에서 바꿔드립니다.
• 이 책의 전부 또는 일부 내용을 재사용하려면
  사전에 저작권자와 (주)위즈덤하우스 미디어그룹의 동의를 받아야 합니다.

• 이 도서의 국립중앙도서관 출판예정도서목록(CIP)은 서지정보유통지원시스템 홈페이지
  (http://seoji.nl.go.kr)와 국가자료종합목록시스템(http://www.nl.go.kr/kolisnet)에서
  이용하실 수 있습니다. (CIP제어번호 : CIP2019008568)